실용음악대학

재즈 피아노
Jazz Piano
입시곡 모음집

임유진 저

score

머리말

실용음악 입시의 합격은 입시곡의 선정이 중요합니다. 입시곡은 악기를 다루는 능력 및 테크닉을 중점적으로 보기 때문에 본인의 강점을 잘 살릴 수 있는 곡으로 선정하는 것이 좋습니다. 하지만 입시곡만을 완벽히 소화한다고 해서 되는 것은 아니며, 즉흥연주의 부분 또한 매우 중요합니다. 우선, 곡에 따라서는 원곡 그대로 연주하는 것보다 자신만의 스타일로 편곡하는 것을 추천합니다. 연주력과 함께 자신의 음악적 색깔까지 돋보일 수 있다면 좋은 결과를 얻을 수 있을 것입니다.

이 책은 최근 2년 동안 학생들이 선호하는 실용음악과 대학교의 피아노 입시곡들을 모은 악보집입니다. 모두 7곡으로 구성되어 있으며 'Wail'을 제외한 나머지 여섯 곡은 솔로 피아노 형식입니다. 솔로 피아노의 루바토 연주 부분은 호흡으로 카피된 부분이 있고, 기본 박자에 어긋나지 않게 정확하게 카피된 부분도 있으니 책에 명시된 앨범명의 곡을 찾아 음악의 흐름을 잘 파악하여 표현하길 바랍니다. 음악이 수평적으로 흘러가는 부분에는 수직적으로 표현되는 코드와 텐션은 생략하였습니다. 또한 이명동음을 자주 사용하여 코드와 음표가 한눈에 들어올 수 있도록 하였습니다.

원곡의 터치와 감정까지 연구하여 직접 실연할 때 본인의 색깔로 음악을 재해석하여 입체적으로 연주하기를 바랍니다. 재즈 연주는 순간적인 즉흥으로 이루어지기 때문에 흔히 음악을 듣고 카피하여 악보로 만드는 작업을 합니다. 이는 시간이 오래 걸리는 고된 작업이기에 학생과 선생님들에게 이 책이 조금이나마 도움이 되기를 바랍니다.

끝으로 악보 자문에 도움을 주신 피아니스트 정숙인님께 감사드리며, 출판의 기회를 주신 태림스코어 대표님과 편집장님, 출간되기까지 도움을 주신 관계자 여러분께 감사의 말씀을 전합니다. 지난 15년간 가르쳐온 수많은 입시생 덕분에 출판에 대한 아이디어와 영감을 얻을 수 있었습니다. 그들에게도 고마운 마음을 전합니다.

임유진

차례

Close enough for love 〈The maybeck recital series, Vol.40〉 ···· 4

Lotus blossom 〈Solo piano : Jazz at the pinehill〉 ···· 17

Reflections 〈Concentric circles〉 ···· 28

Wail 〈The amazing bud powell〉 ···· 37

So what 〈The definitive black & Blue sessions 1979〉 ···· 42

On the sunny side of the street 〈Just me〉 ···· 60

Caravan 〈Broad cast, L.A. Radio live, 1940〉 ···· 74

〈The maybeck recital series, Vol.40〉

Close enough for love

Mandel John, Williams Paul Hamilton 작사 · 작곡, Monty Alexander 연주

Freely

Gm7 E♭ D7 C7 Gm7 C7 F7/C

5
B♭6 E♭maj7 E♭ Dm7 Cm7 E♭5 A7/B♭ A7♭5 D7 D6 Daug

8
Daug G7sus4 G7 C7 F♯7 Fsus4 F F7 B♭maj7 G/B B♭

11
E♭maj7 A7 Am Am7♭5 D7

13 D7 Gm F♯m7 Fm7 E7 E♭maj7 Dm7♭5 A/C♯ B♭/C B C/B♭ A7 A♭maj7/E♭ D7

15 Gm7 A7 Dsus4 D E♭/G Gm A/B♭

17 A/B♭ E♭/B♭ B♭maj7 E7 E♭maj7 Dm7 Cm7 B♭7♭5

19 A6 Aaug D7 G7sus4 Em7 Em(maj7) C7 G♭7

21 F7 Cm F7 B♭7 E7 E♭maj7 A7

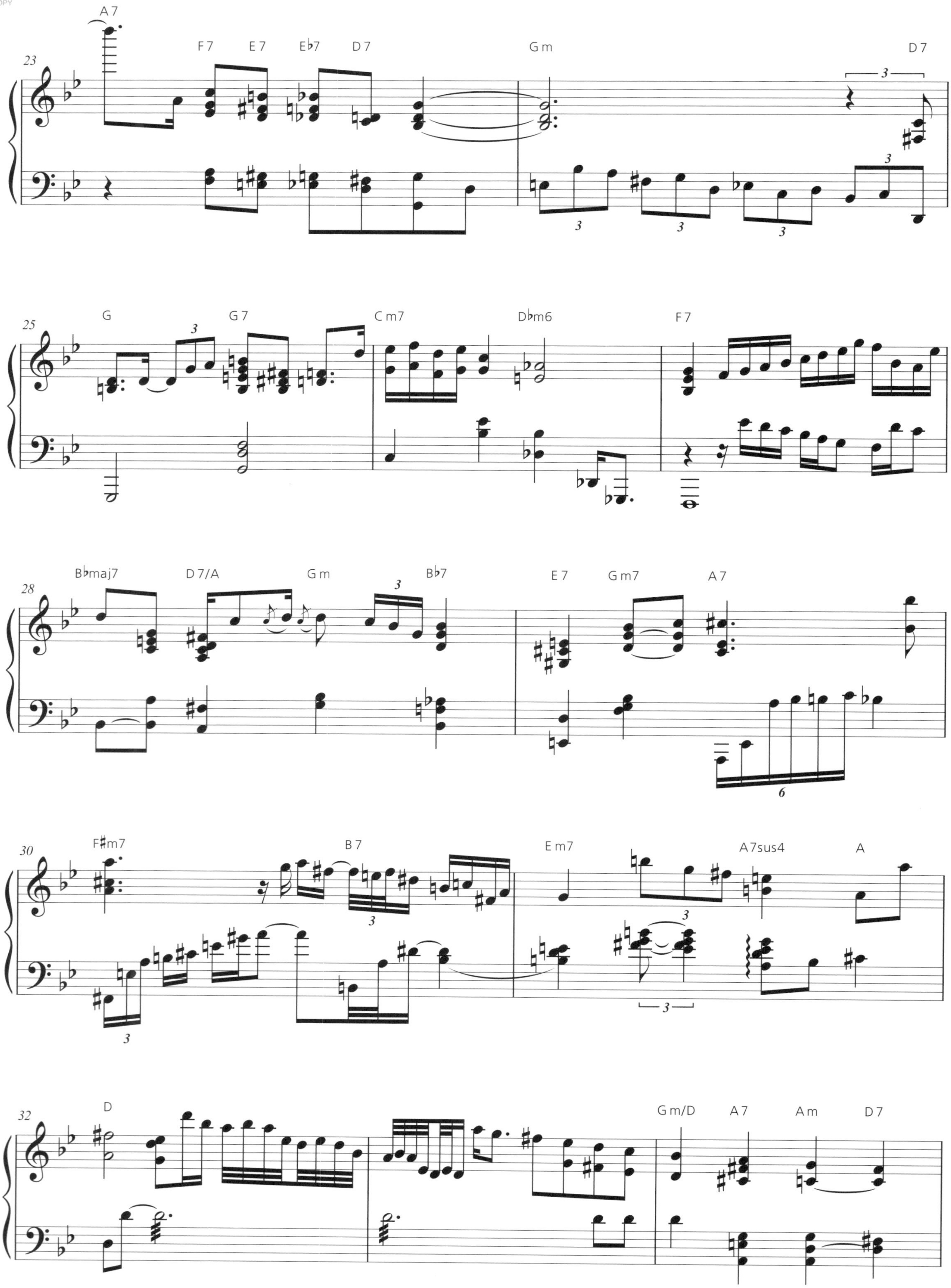
23
A7
F7
E7
E♭7
D7
Gm
D7
3
3
3
3
3
25
G
G7
Cm7
D♭m6
F7
3
28
B♭maj7
D7/A
Gm
B♭7
E7
Gm7
A7
3
6
30
F♯m7
B7
Em7
A7sus4
A
3
3
3
3
32
D
Gm/D
A7
Am
D7

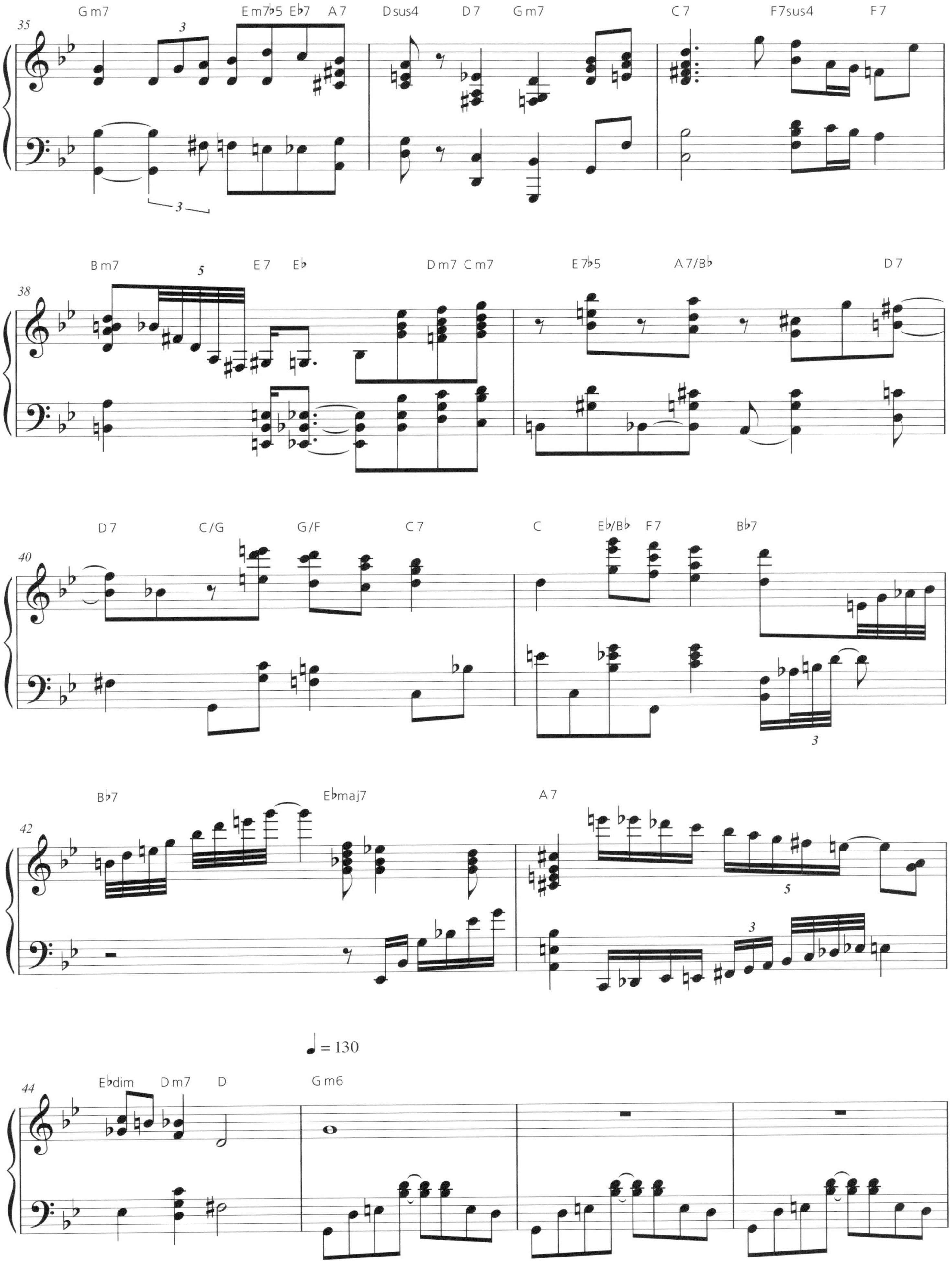

35 Gm7 Em7♭5 E♭7 A7 Dsus4 D7 Gm7 C7 F7sus4 F7

38 Bm7 E7 E♭ Dm7 Cm7 E7♭5 A7/B♭ D7

40 D7 C/G G/F C7 C E♭/B♭ F7 B♭7

42 B♭7 E♭maj7 A7

♩= 130

44 E♭dim Dm7 D Gm6

48 Gm6 C/G

52 Gm♭6 Gm6 Gm7 F♯7 F7

3

56 B♭7 Eaug E♭maj7

58 Cm7 B♭m7 A7

6 6 6

60 C/G F♯aug G7

62 C7 D♭m7 | Cm7 F7 (3)

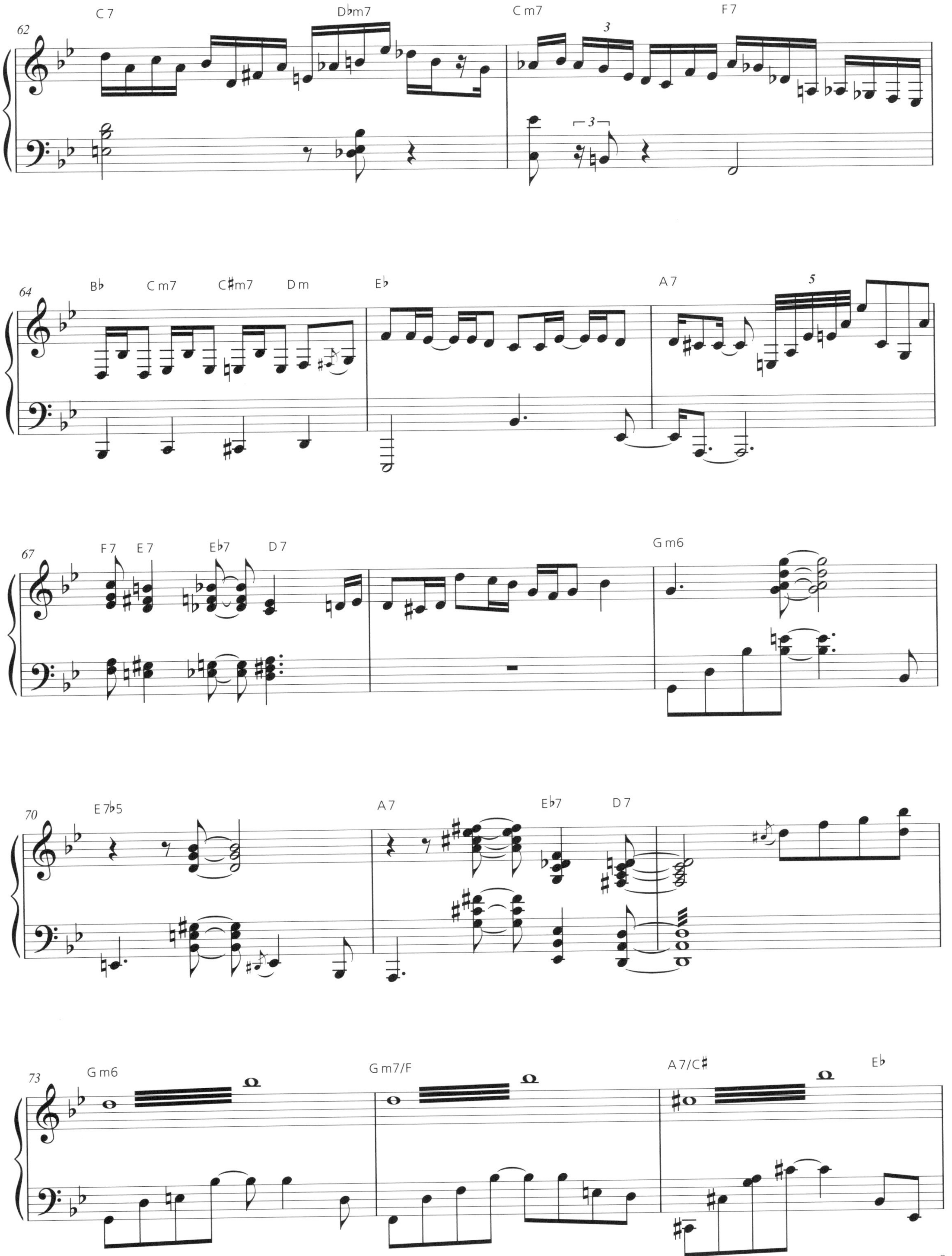

64 B♭ Cm7 C♯m7 Dm | E♭ | A7 (5)

67 F7 E7 E♭7 D7 | | Gm6

70 E7♭5 | A7 E♭7 D7 |

73 Gm6 | Gm7/F | A7/C♯ E♭

76 D7 Gm F♯7 F7sus4 D/F♯

80 Bm7 E7 E♭ Dm7 Cm7 B♭7 A7

83 A7 D7

5

85 G7 A♭m7 Gm7 G♭

3

3

87 F7 Cm7 F7 B♭ E

89 E♭ A7 E♭7 D7

92 D7 Gm6

96 D7 G7 Cm

100 C♯m7 F♯7 F7sus4 Cm7

102 F7 B♭ A7 D7 Gm7 F♯m7 Fm7 B♭7 Em7♭5

105 Em7♭5 A7

107 G♭m B7

109 Em7 B♭7 A7

111 D E♭ D E♭

114 D E♭/G F/C E♭/B♭ D/F♯ Cm7 B6 E7 B♭m7

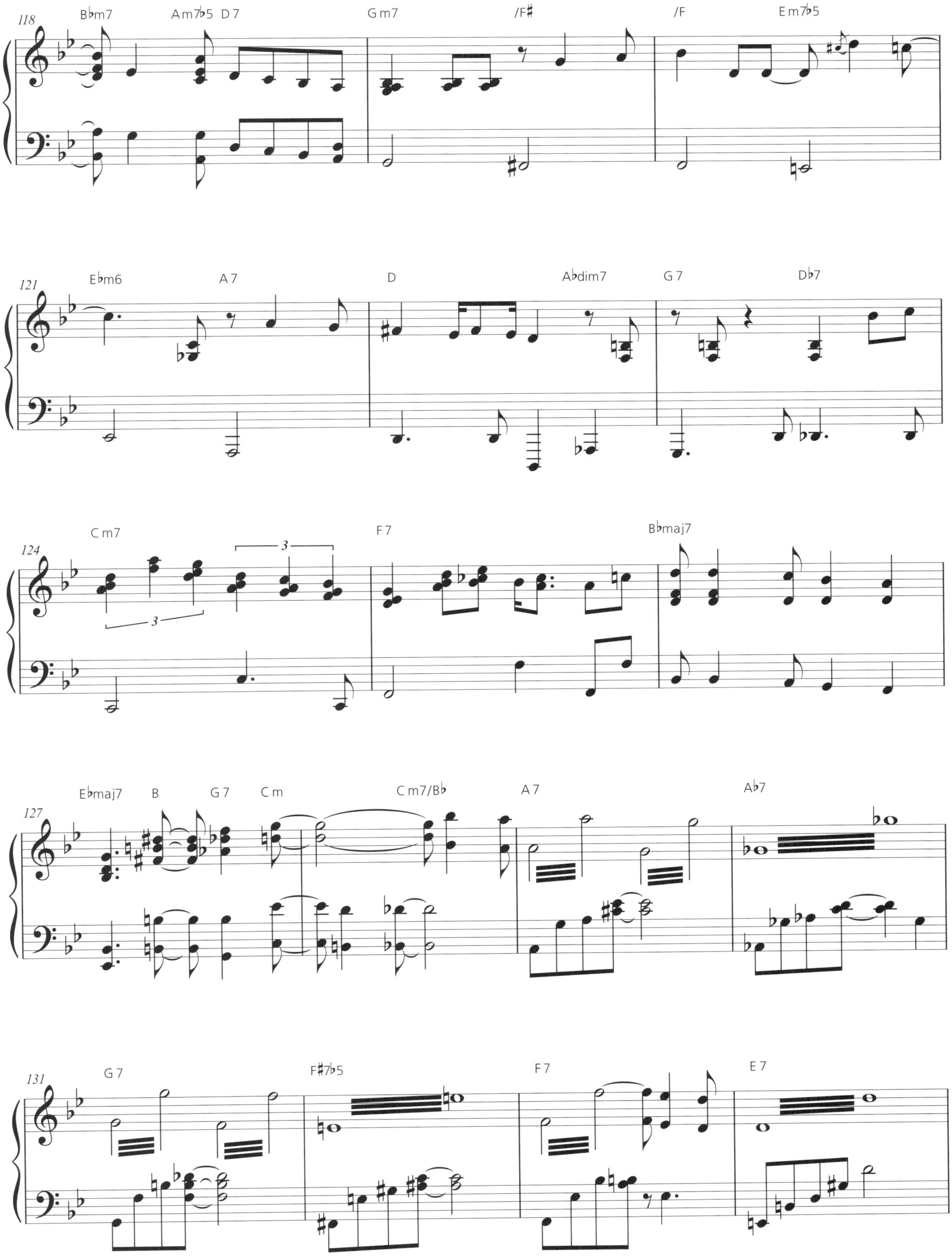

118 B♭m7 Am7♭5 D7 | Gm7 /F♯ | /F Em7♭5

121 E♭m6 A7 | D A♭dim7 | G7 D♭7

124 Cm7 | F7 | B♭maj7

127 E♭maj7 B G7 Cm Cm7/B♭ | A7 | A♭7

131 G7 | F♯7♭5 | F7 | E7

135 E♭ A7

137 A7 D7 G

140 G E♭/G F♯7♭5

Freely

143 F♯7♭5 F7 B♭ Am7/E D7 Gm7 F♯m7 Fm7 B♭7

147 E♭maj7 A7/G F♯m7 B

151 Em7 A7 Em7/B Cm6 C♯dim D E♭/G D7

154 D7 Cm7 B♭ E♭maj7 Am7 D Gm 3 D7/C

158 Gm C7 Cm7/E♭ F7/C B♭6 B♭aug E♭ Dm7

162 Am7 E♭m A7/B♭ A7 A♭7 G7 C7/E

166 Cm/B♭ D7/F F7 E7 E♭maj7 A7

170 A7/G A7 Dm7 Gm7

173 Gm6

176 Gm6 Gm7

179 Gm7 Gm/F E♭ Dm E♭ B♭ A Dsus4

183 Gm

8va

〈Solo piano : Jazz at the pinehill〉

Lotus blossom

Strayhorn Billy 작곡, Rob Van Bavel 연주

Half time

Freely

E♭maj7 A7/C♯ E♭ Bm7/D A♭7/E♭ D7

4 D♭6 D♭7♯11/B C maj7 E m7 A7 D m7 G7

6 C m6 F7/A B♭6 D♭7

8 C G7 A♭7 A7 B♭7 B7 C7 F7sus4 D♭m/F A♭sus4/F

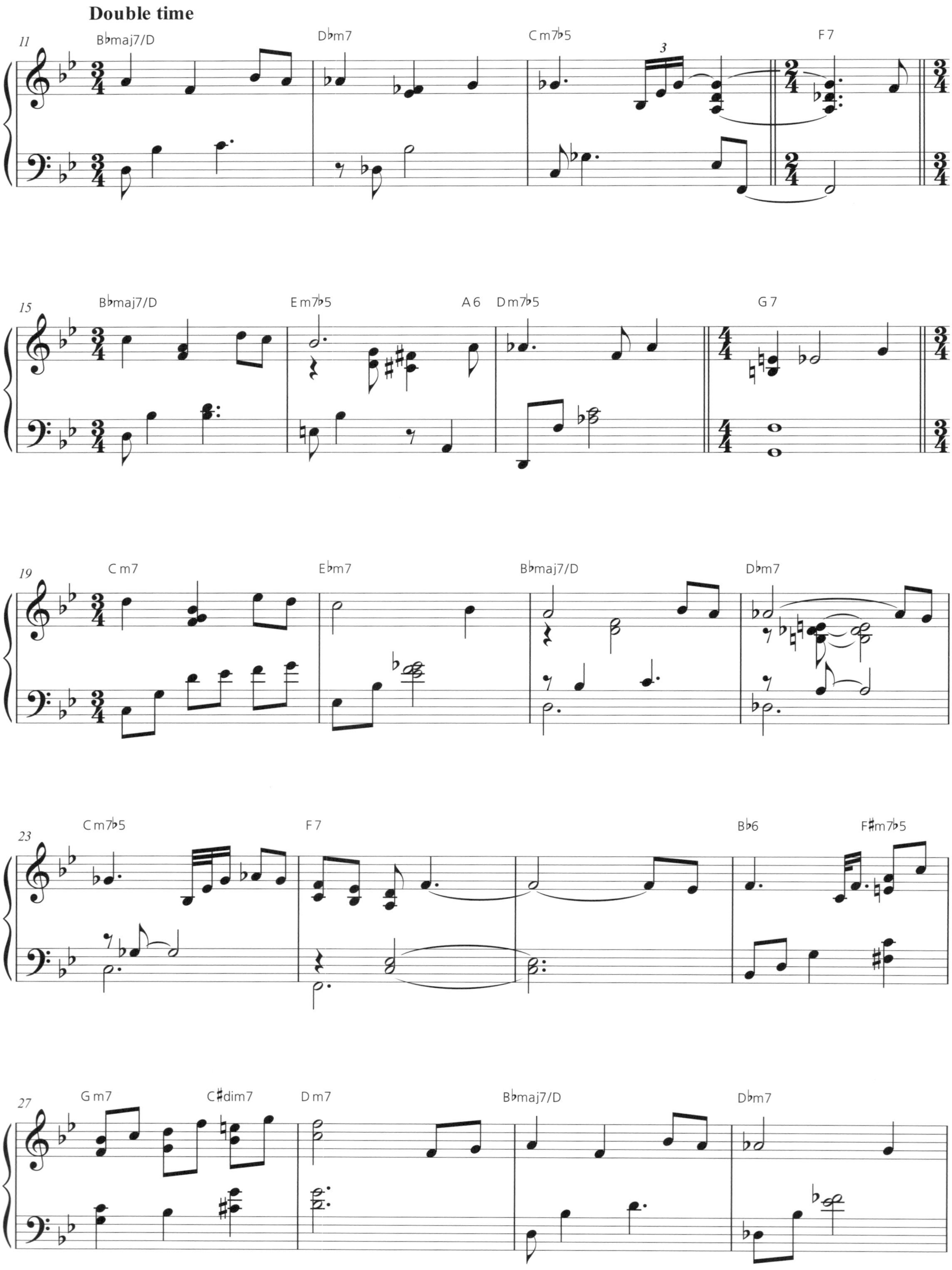

Double time

11 B♭maj7/D D♭m7 Cm7♭5 F7

15 B♭maj7/D Em7♭5 A6 Dm7♭5 G7

19 Cm7 E♭m7 B♭maj7/D D♭m7

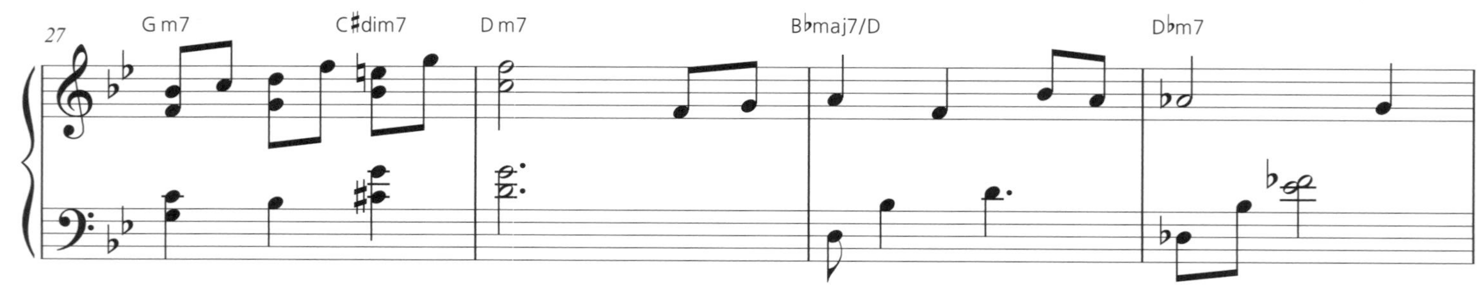

31 Cm7♭5 F7 B♭maj7/D B♭7sus4 A7sus4 A♭sus4

35 A♭7 G7sus4 G7 Cm7 Cm7♭5

39 Cm7♭5 B♭maj7/D D♭m6 Cm7♭5

43 F7 B♭6 F♯dim7 Gm7 Dm7♭5

47 G7 Dm7♭5 G7 A♭7

51 G7 Cm7

6 6

54 B♭/F Fmaj7♯5 B♭/F Fmaj7♯5

58 B♭maj7 A7/G F♯dim7 B♭/F E B♭m7 Cm7♭5/G♭

62 Cm7♭5/G♭ B♭maj7/D D♭m6 Cm7♭5

66 Cm7♭5 F7 B♭/D E7 A

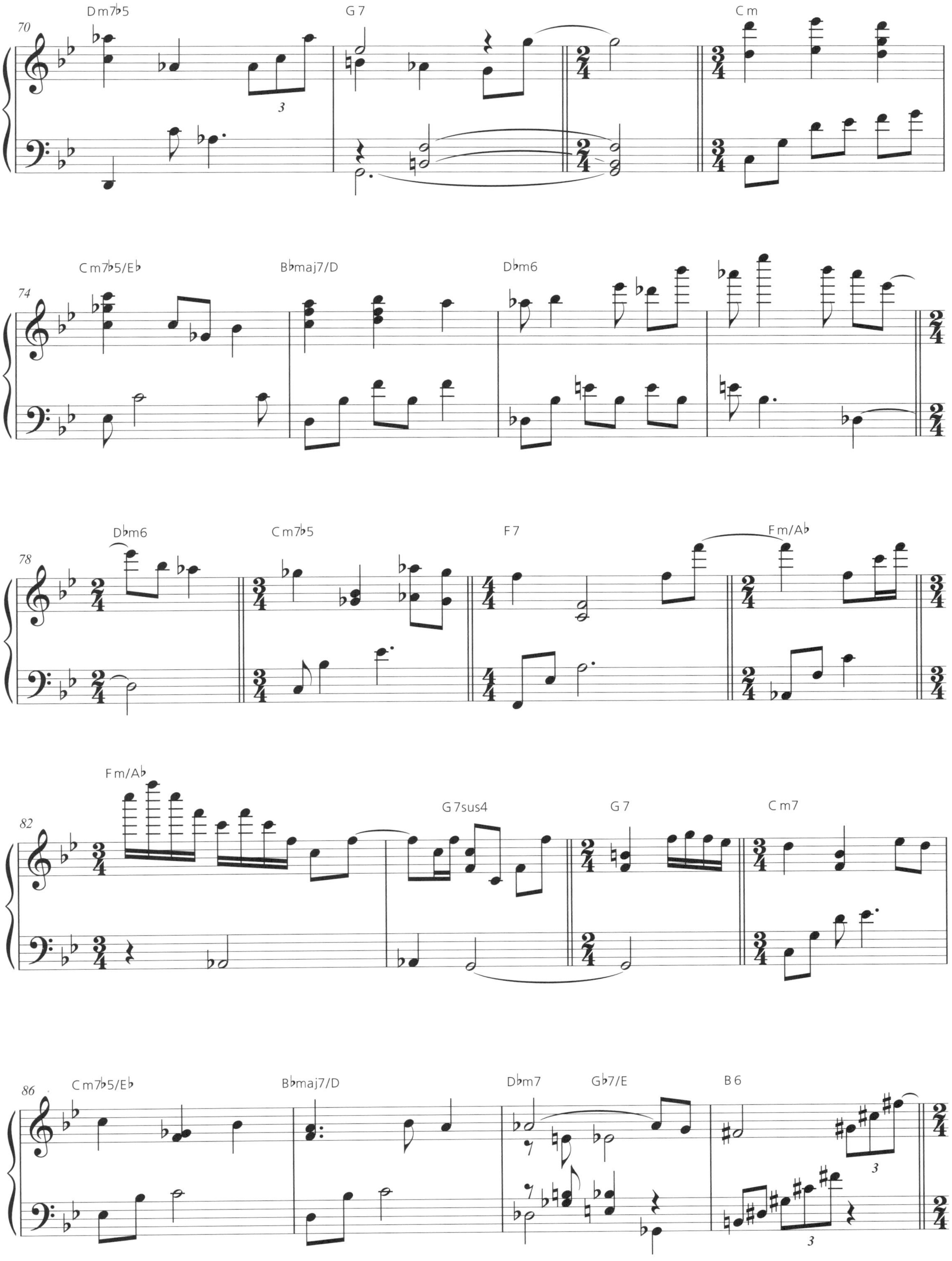
70
Dm7♭5
G7
Cm
74
Cm7♭5/E♭
B♭maj7/D
D♭m6
78
D♭m6
Cm7♭5
F7
Fm/A♭
82
Fm/A♭
G7sus4
G7
Cm7
86
Cm7♭5/E♭
B♭maj7/D
D♭m7
G♭7/E
B6

90 B6 | Cm7 F7/E♭ | B♭6 E dim F♯dim | Gm7 C♯dim7 Dm7

94 B♭maj7/D | D♭m6 | Cm7♭5

97 Cm7♭5 F7 | E7 | E♭7 Dm7

100 Gm/D Em7♭5 | A7 Fm/A♭ | A♭7/G♭

103 G7 | Cm7 | Cm7♭5/E♭

106 Cm7♭5/E♭ Dm B♭/D D♭m6

109 Cm7 F7

111 F7 B♭maj7

113 A7/C♯ B♭maj7 /D D♭m

117 D♭m Cm7 F7

121 E7 E♭m7 B♭maj7/D A7 D7

3

124 D7 3 G7 Cm E♭m6

127 B♭maj7/D 6 D♭m6 Cm7♭5

130 Cm7♭5 3 F7 B♭maj7 A/C♯

133 Gm/D Em7♭5 E♭m7♭5 Dm7♭5 G7 Dm7♭5

NO COPY

137
G 7
A♭7
G 7
C m7
141
C m7
B♭/F
143
A
5
D m7
B♭/F
145
A7
6
B♭/F
A7
D7
G 7
148
F♯7
3
F 7
3
5

151 B♭maj7/D D♭m6 Cm7♭5

154 F7 B♭maj7/D Em7♭5 A7

157 Dm7♭5 G7 Cm7

160 Cm7♭5/E♭ B♭maj7/D D♭m7

163 Cm7♭5 F7 Fm/A♭

166 Fm/A♭ G7sus4 G7 | Cm | Cm7♭5/E♭

169 B♭maj7/D | D♭m7 G♭7 | Cm7♭5

172 Cm7♭5 F7 | | B♭

175 C/E F♯dim7 Gm | C♯dim7 Dm | F♯dim7 Gm7
8va
8va

178 C♯dim Dm F♯dim | Gm7 | B♭maj7 |
(8va)
(8va)
R.H.
L.H.

〈Concentric circles〉

Reflections

Thelonious Monk 작곡, Kenny Barron 연주

14 B♭m7 E♭7sus4 E♭7 A♭maj7 B dim7

16 C m F7 G m7♭5 B♭m7 E 7sus4 E♭sus4 E♭7

19 A♭maj7 D♭7 C 7♭5 F7♯11

21 B♭m7 E♭7 A♭maj7 D♭7 G m7♭5 C 7

24 F m7 B♭7sus4 B♭dim7 E dim7

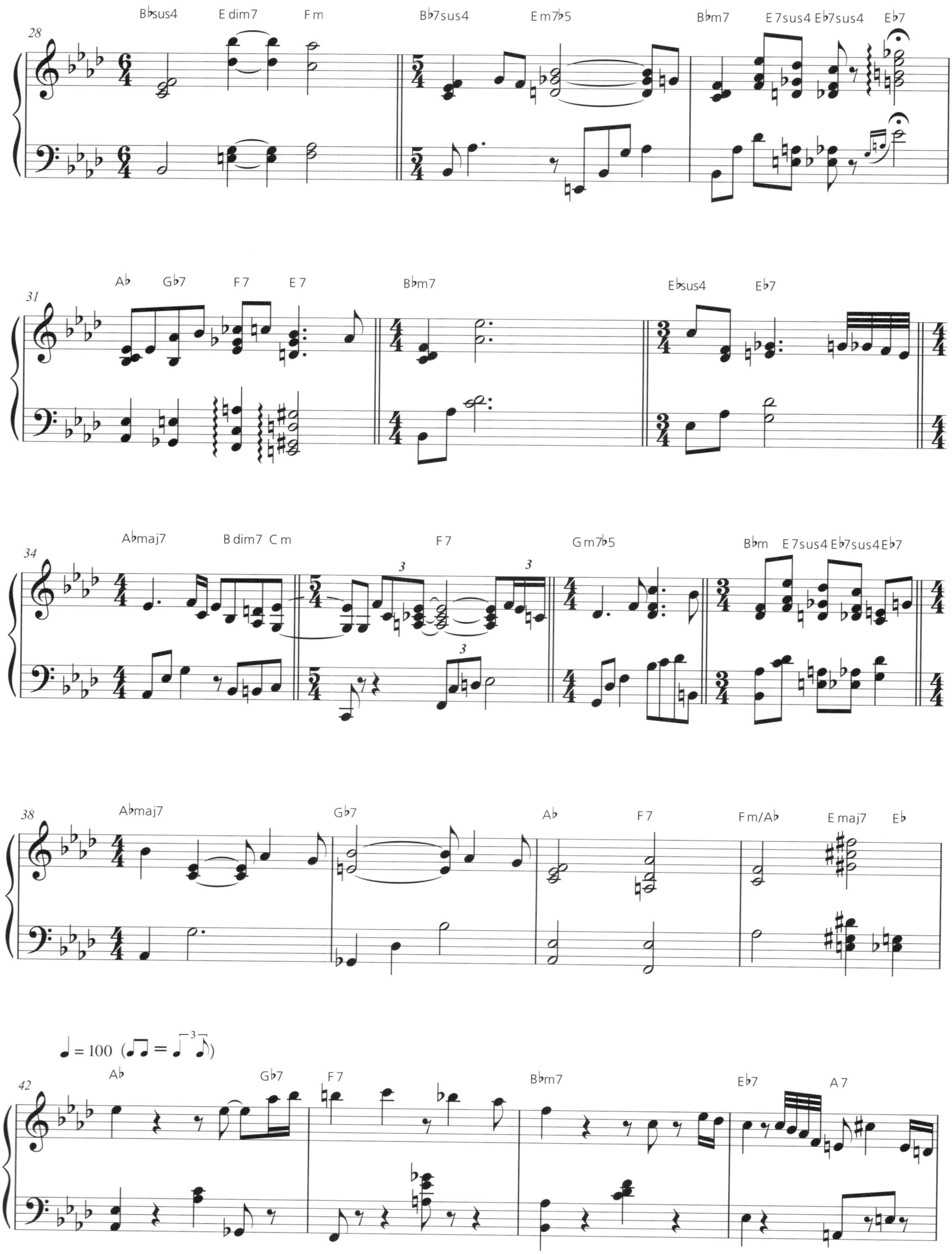

28
B♭sus4 E dim7 F m B♭7sus4 E m7♭5 B♭m7 E 7sus4 E♭7sus4 E♭7

31
A♭ G♭7 F7 E 7 B♭m7 E♭sus4 E♭7

34
A♭maj7 B dim7 C m F7 G m7♭5 B♭m E 7sus4 E♭7sus4 E♭7
3 3 3

38
A♭maj7 G♭7 A♭ F7 F m/A♭ E maj7 E♭

46 A♭maj7 | B♭m B dim7 | C m7

49 F7 | G m7♭5 |

52 B♭m7 | E♭7 A 7 | A♭maj7

55 F7 B m7 | E m7 E 7 | B♭m7 A 7

58 A♭ G♭ | F7 E 7 | B♭m7

61 A | A♭maj7

63 B♭m7 | B dim7 | D♭m | C m7

65 F7 | F♯dim/C | G m7♭5

67 G m7♭5 | B 7 | B♭m7

69 B♭m7 | E♭7 | A♭maj7 | D♭7

72 Cm7 | F7

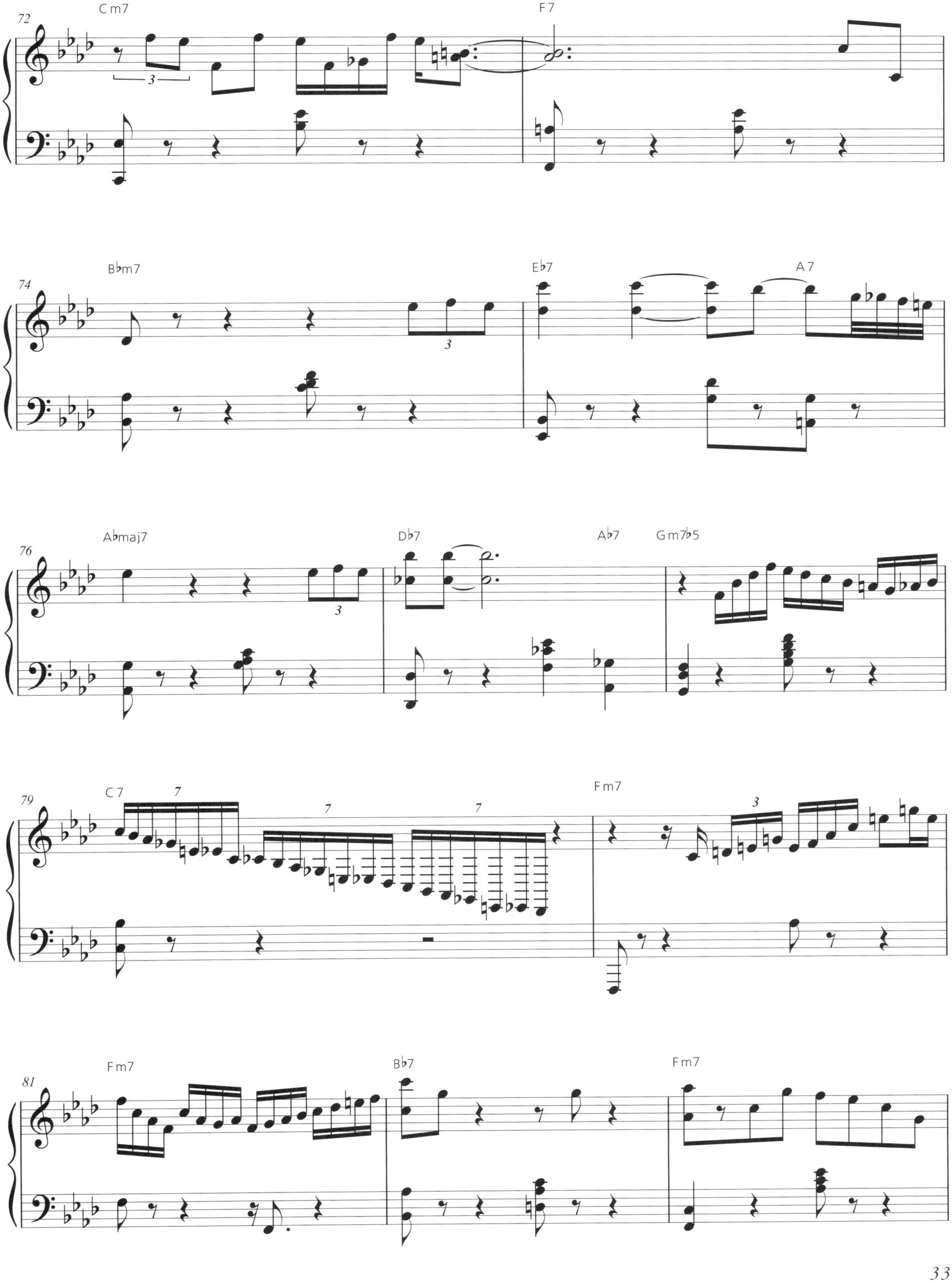

74 B♭m7 | E♭7 A7

76 A♭maj7 | D♭7 A♭7 | Gm7♭5

79 C7 | Fm7

81 Fm7 | B♭7 | Fm7

84 B♭7

B♭m7 86 E♭ B♭m7 3

A7 89 A♭ G♭ B7 E

B♭m7 92 A7 A♭maj7 3

B♭m7 95 B dim7 Cm7♭5 F7

98 Gm7♭5 F♯m/A B♭m7

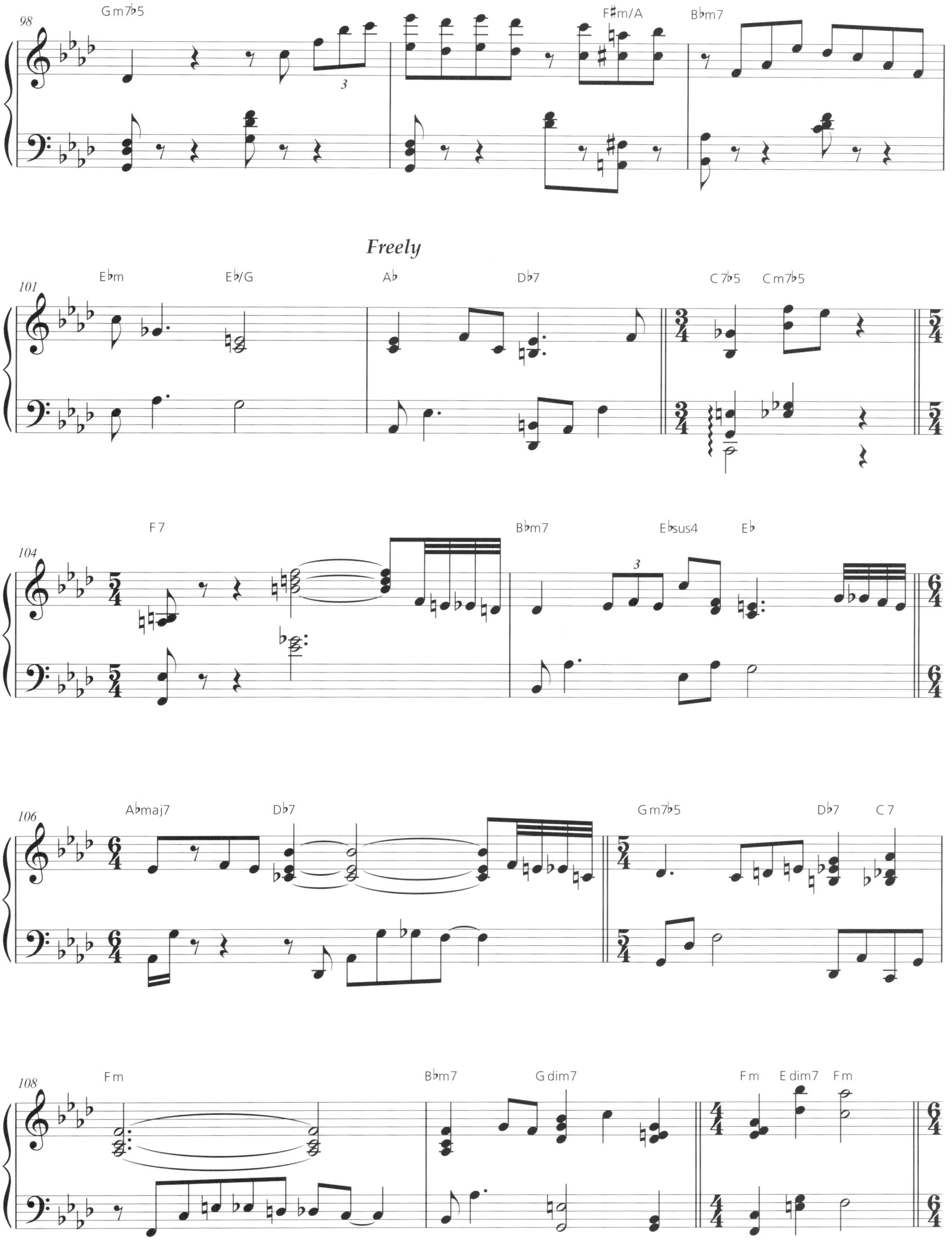

Freely

101 E♭m E♭/G A♭ D♭7 C7♭5 Cm7♭5

104 F7 B♭m7 E♭sus4 E♭

106 A♭maj7 D♭7 Gm7♭5 D♭7 C7

108 Fm B♭m7 Gdim7 Fm Edim7 Fm

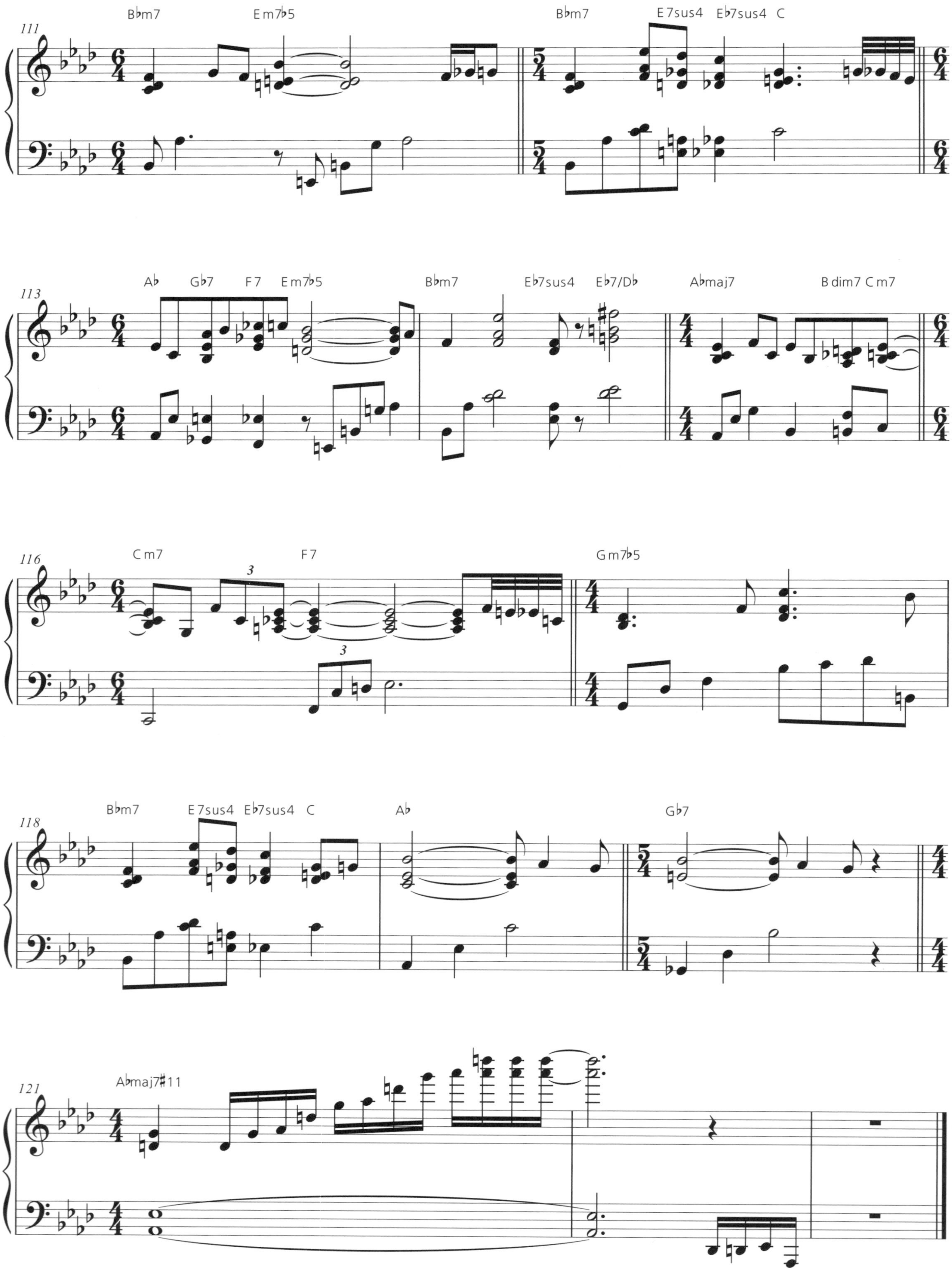

111 B♭m7 Em7♭5 | B♭m7 E7sus4 E♭7sus4 C

113 A♭ G♭7 F7 Em7♭5 | B♭m7 E♭7sus4 E♭7/D♭ | A♭maj7 B dim7 Cm7

116 Cm7 F7 | Gm7♭5

118 B♭m7 E7sus4 E♭7sus4 C | A♭ | G♭7

121 A♭maj7♯11

〈The amazing bud powell〉

Wail

Earl Bud Powell 작사 · 작곡 · 연주

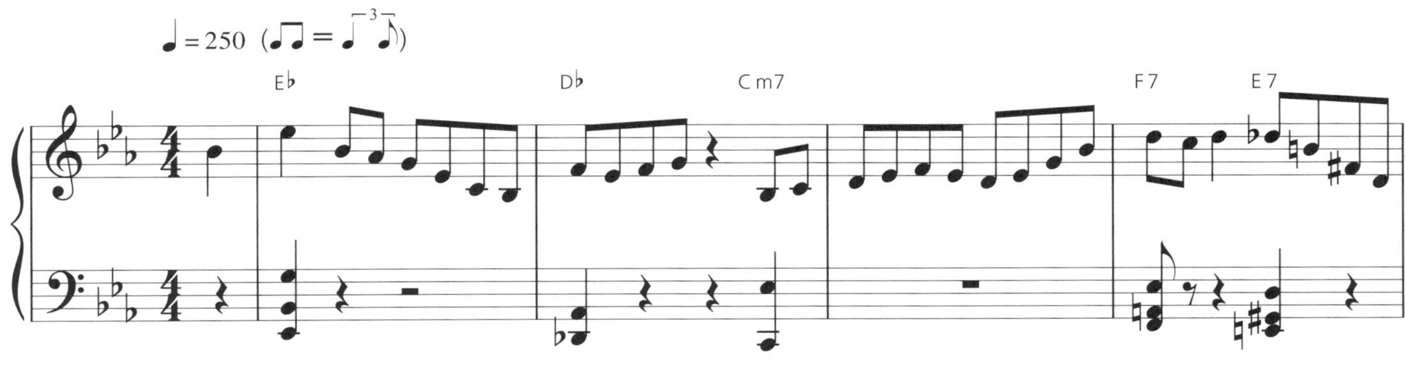

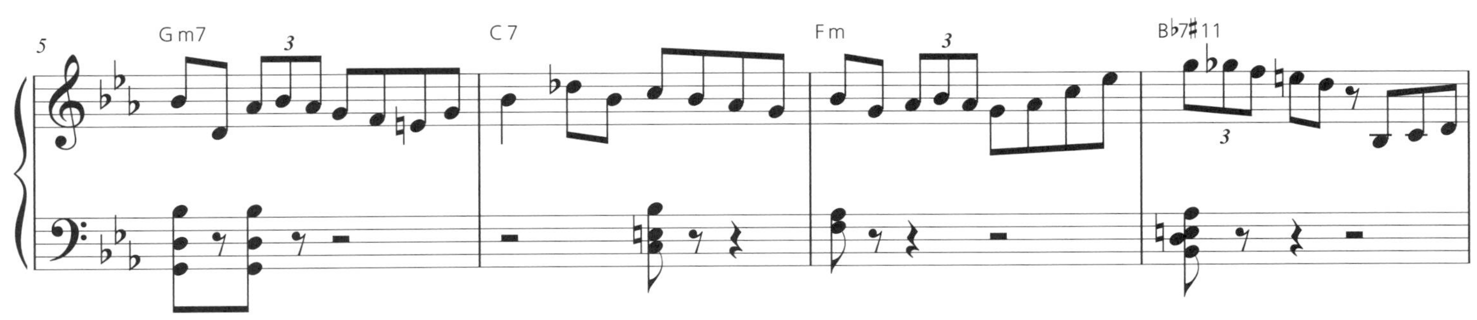

NO COPY

17
E♭maj7
3
Fm7
B♭7
E♭
F7
B♭7

21
E♭maj7
Gm7♭5
A♭maj7
D♭7
E♭6
A♭7
E♭maj7

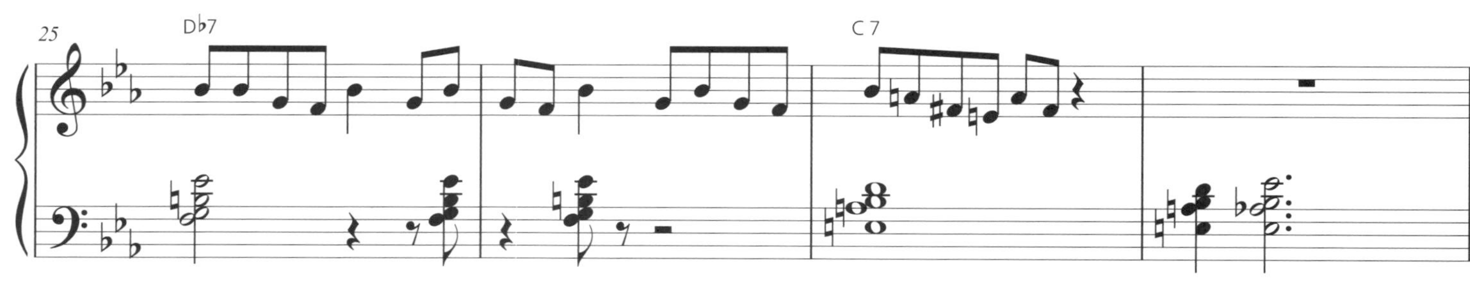
25
D♭7
C7

29
B7♯11
B♭7♯11
3

33
E♭maj7
Fm7
B♭7
E♭/G
F7
E7
3

NO COPY

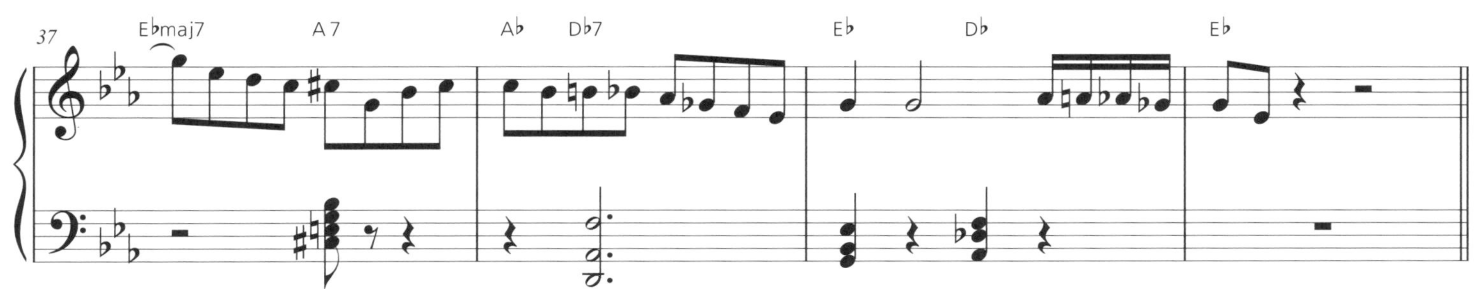
37
E♭maj7
A7
A♭
D♭7
E♭
D♭
E♭

Piano Solo

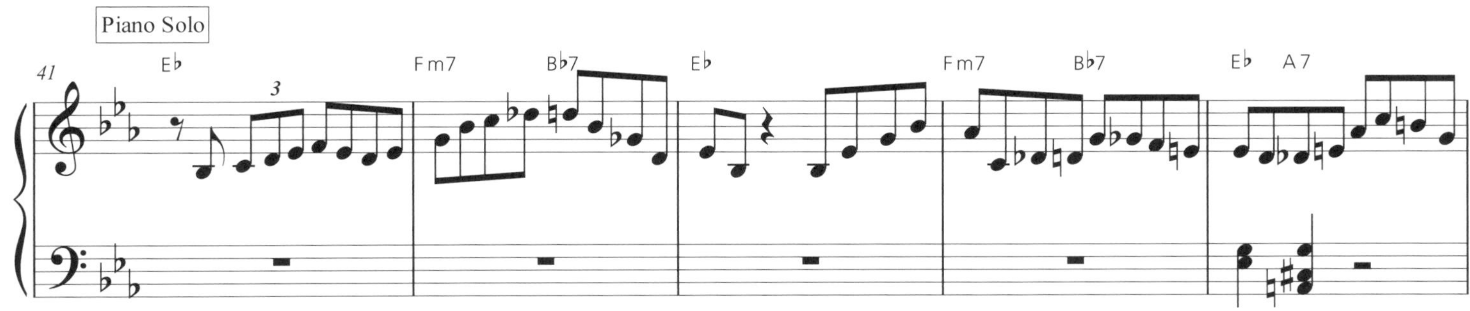
41
E♭
3
Fm7
B♭7
E♭
Fm7
B♭7
E♭
A7

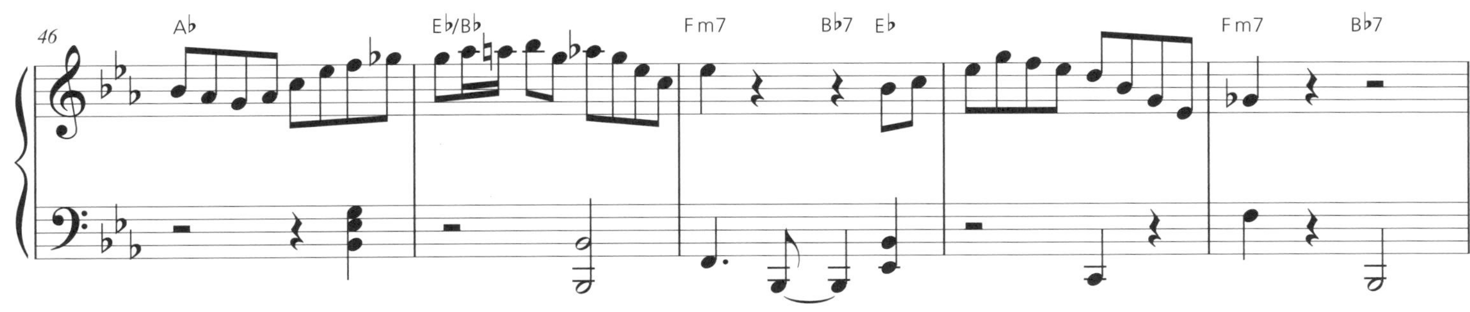
46
A♭
E♭/B♭
Fm7
B♭7
E♭
Fm7
B♭7

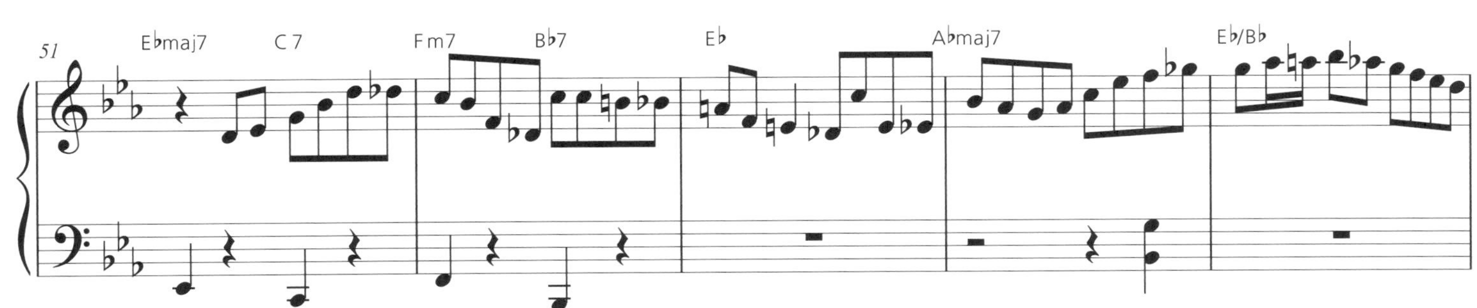
51
E♭maj7
C7
Fm7
B♭7
E♭
A♭maj7
E♭/B♭

56
E♭maj7
3
G7
3
C7
3

60 C7 F7/C Bb7

64 Bb7 Eb/G Ab Adim7 Eb/Bb

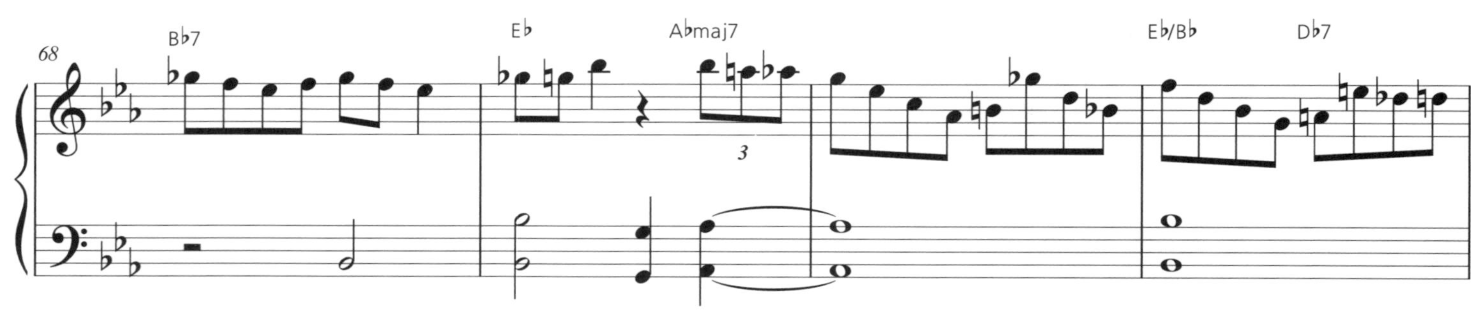

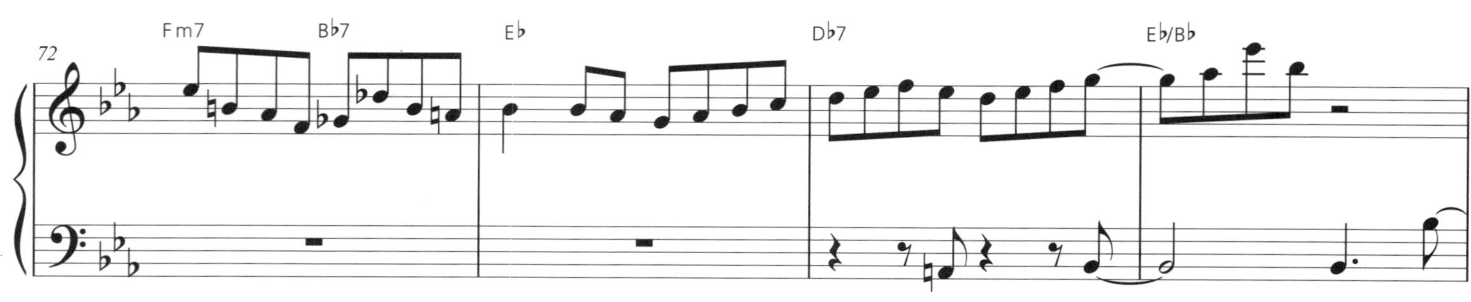

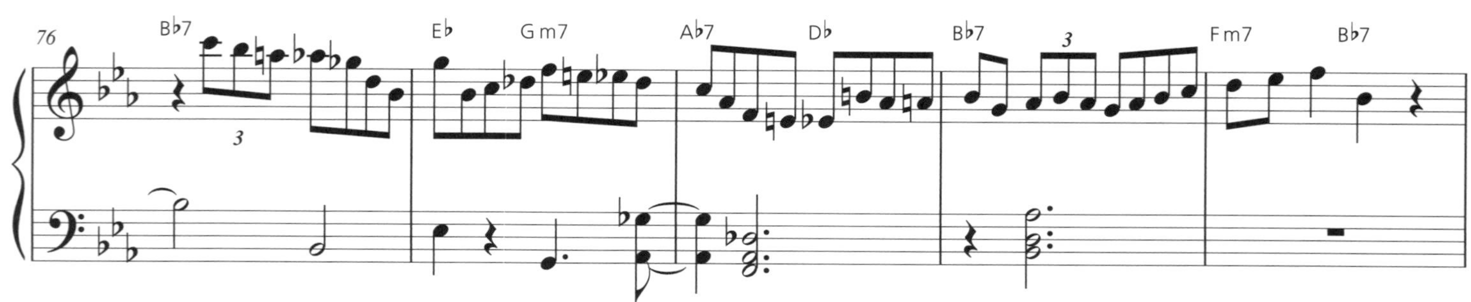

NO COPY

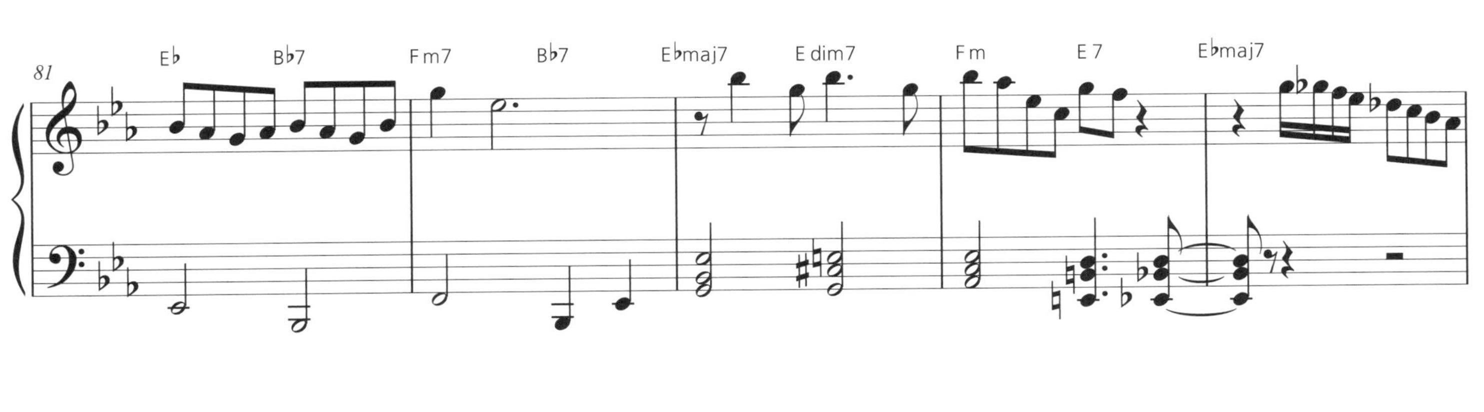
81
E♭
B♭7
Fm7
B♭7
E♭maj7
E dim7
Fm
E7
E♭maj7

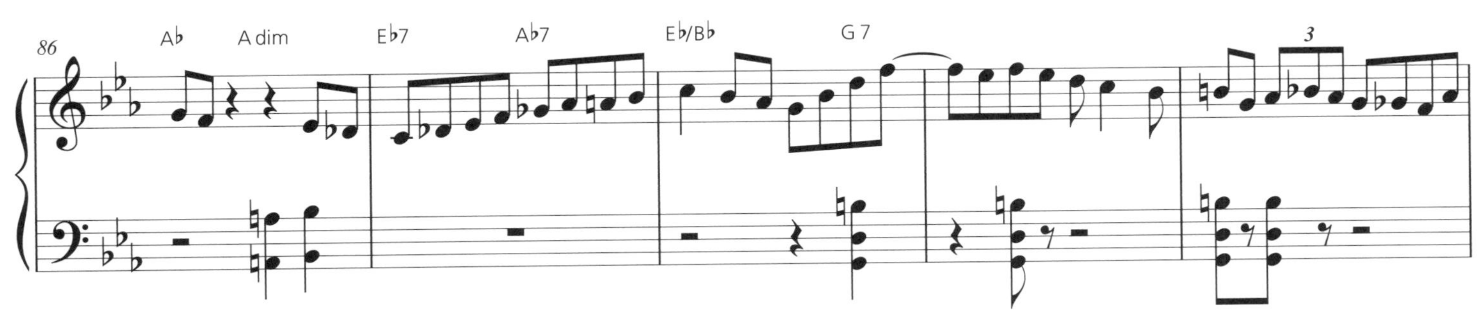
86
A♭
A dim
E♭7
A♭7
E♭/B♭
G7
3

91
C7
F7

95
B♭7
E♭/B♭
A♭
A dim
3
E♭/B♭

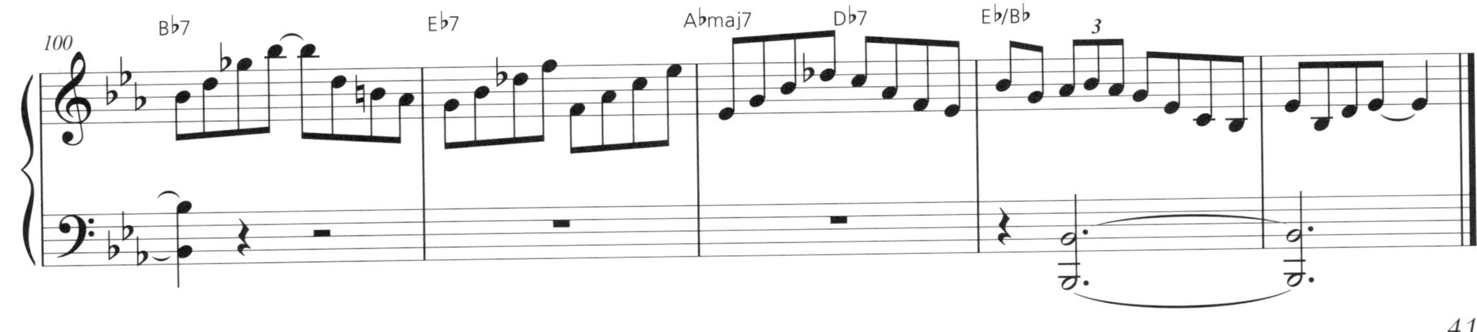
100
B♭7
E♭7
A♭maj7
D♭7
E♭/B♭
3

〈The definitive black & Blue sessions 1979〉

So what

Miles Davis 작곡, Monty Alexander 연주

17 E♭m7

21 E♭m7

25 D m7

29 D m7

33 D m7

37 Dm7

41 Dm7 C/G G7

44 G7

47 G7

50 A♭7

53 E♭m7

55 E♭m7 Am Dm7

58 Dm7

61 Dm7

64 Dm7

68 Dm7

8va

71 Dm7 Bm7 E7 Dm7 Bm7♭5

74 B♭7 A7 Dm/G /F E A7

77 Dm7 Dm

81 A♭dim A♭sus7

NO COPY

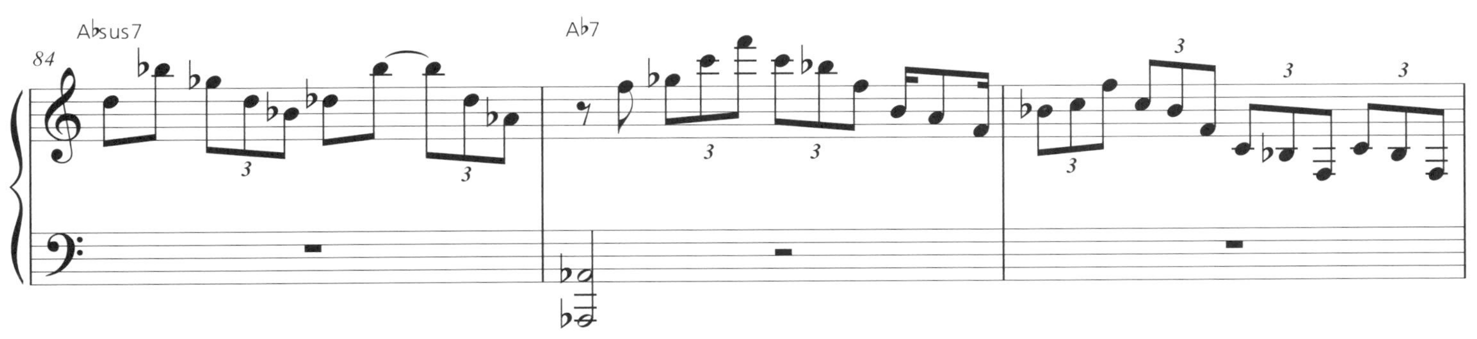
84
A♭sus7
A♭7

87
A♭7
Dm7

90
Dm7

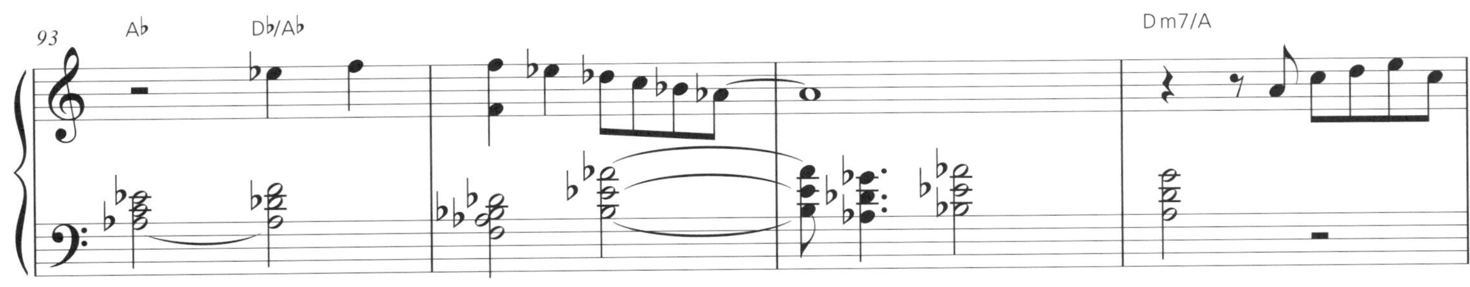
93
A♭
D♭/A♭
Dm7/A

97
Dm7

101 Dm7

104 Dm7/B

107 Dm7

110 Dm7

113 A♭7

117 A♭7 8va

120 (8va) A♭7 G7

123 G7

126 Cmaj7 Dm7

129 Dm7 E7 Asus4 E7/B E7 Am7

133 Am7 E7/B | E7 Am7 | Dm | E7 Am

137 Dm7

141 Dm7

R.H.

L.H.

145 A♭7

149 A♭7

153 G7

157 G7

161 Dm7

165 Dm7

3

169 B♭7

B♭7
173

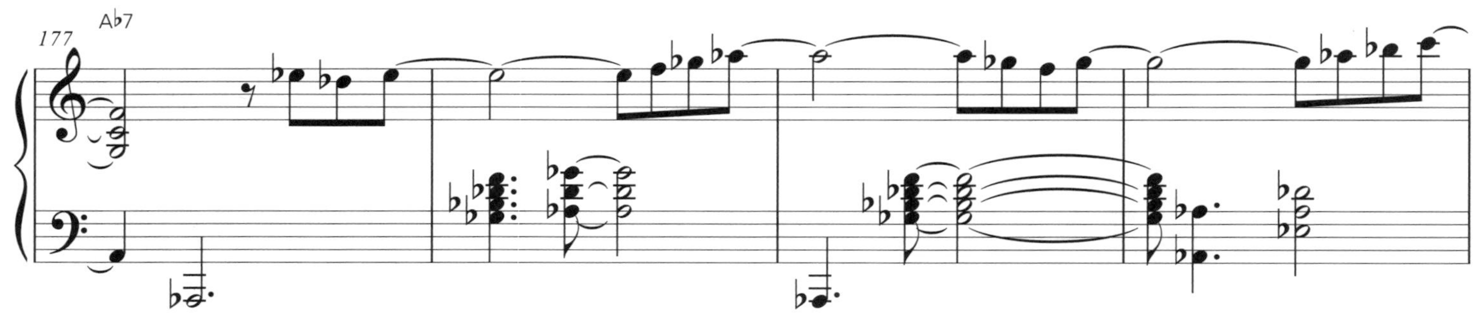
A♭7
177

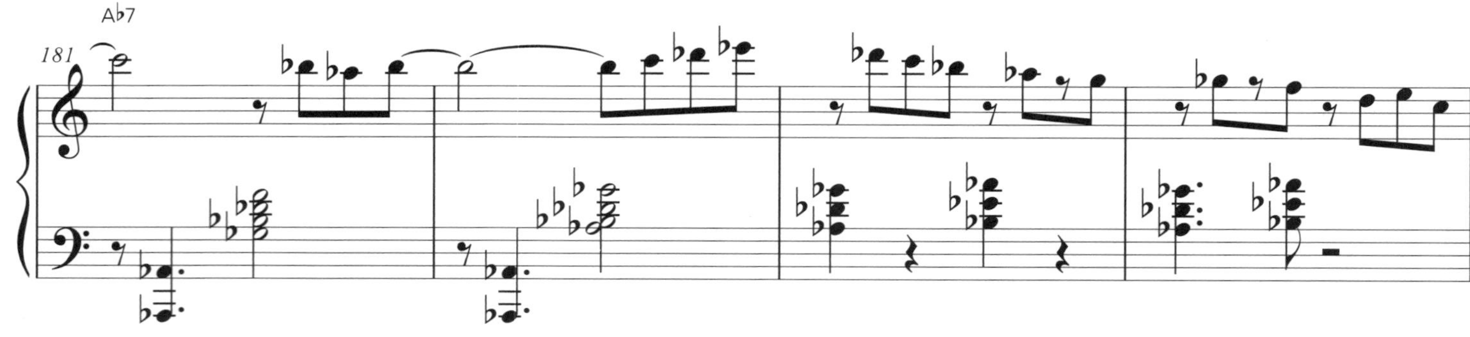
A♭7
181

185
Dm7
3

Dm
189
3
3

193 Dm7

197 Dm7 | | E aug Am7 |

201 Dm

205 Dm

209 A♭7 B♭m7 | B dim7 A♭maj7/G | A♭

212 A♭/C

215 A♭ A7 Dm7

219 Dm7

223 Dm7

227 Dm7

231 Dm7

235 Dm7

239 Dm7 E♭m7

243 E♭m7

246 E♭m7 Dm7

249 Dm7

253 Dm7

257 Dm7

261 Dm7

265 Dm7 G G♯dim D7/F♯ 3 G G♯dim

269 Bm7♭5 Dm/A /F♯ /G G Dm/A Dm G7 A7sus4

273 Dm /F♯ G Dm/G♯ /A A/B Dm

277 Dm7 /G A7sus4 Dm G Dm/A G/A

281 Dm /F G Dm/A Dm

285 Dm /B /B♭ /A

NO COPY

289
Dm
G7
/A♭
/A
/A♭
G7
3

293
G7
Am7
B♭m6
G/B
G7
F/A
B♭m6
G/B
3

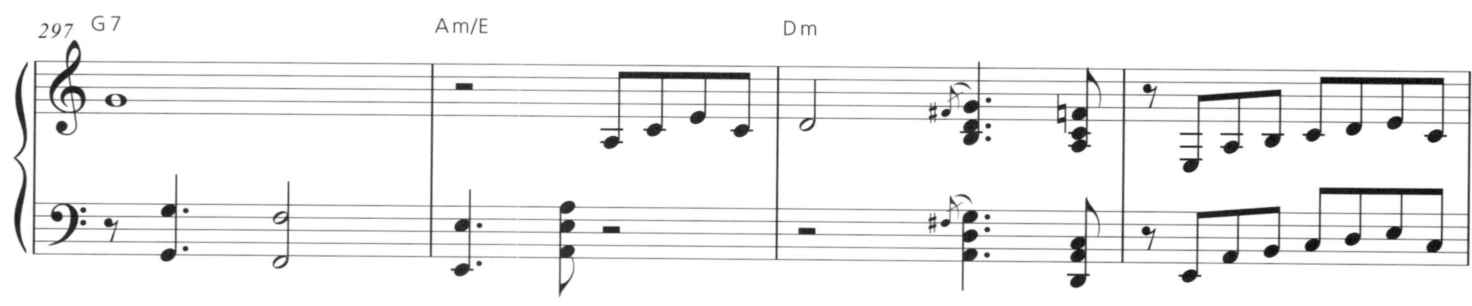
297
G7
Am/E
Dm

301
Dm

305
Dm
A♭7
G7

309 G7 D/F♯ B♭/F E7

Freely

312 A7sus4 A7 Dm 3 3 A♭7

315 G7

318 G7 3 3 3 3 3 3

8va

321 G7 3 3 3 3 3 3

〈Just me〉

On the sunny side of the street

Fields Dorothy 작사, Mc Hugh Jimmy 작곡, Rob Van Bavel 연주

Freely

B♭maj7/C A♭maj7/C G♭maj7

3 C7sus4 Fmaj7/C B♭maj7/D E♭maj7/G A♭maj7/C B♭maj7 /C

6 B♭maj7 Gm Fm7 Dm7♭5 Cm7 B♭7 Cm B♭maj7 /C 8va 6 8va

9 B♭maj7/C B♭maj7 Cm7 Dmaj7/F♯ C♯m/C F/C C♯m/C (8va)

Dm/A Bbm7

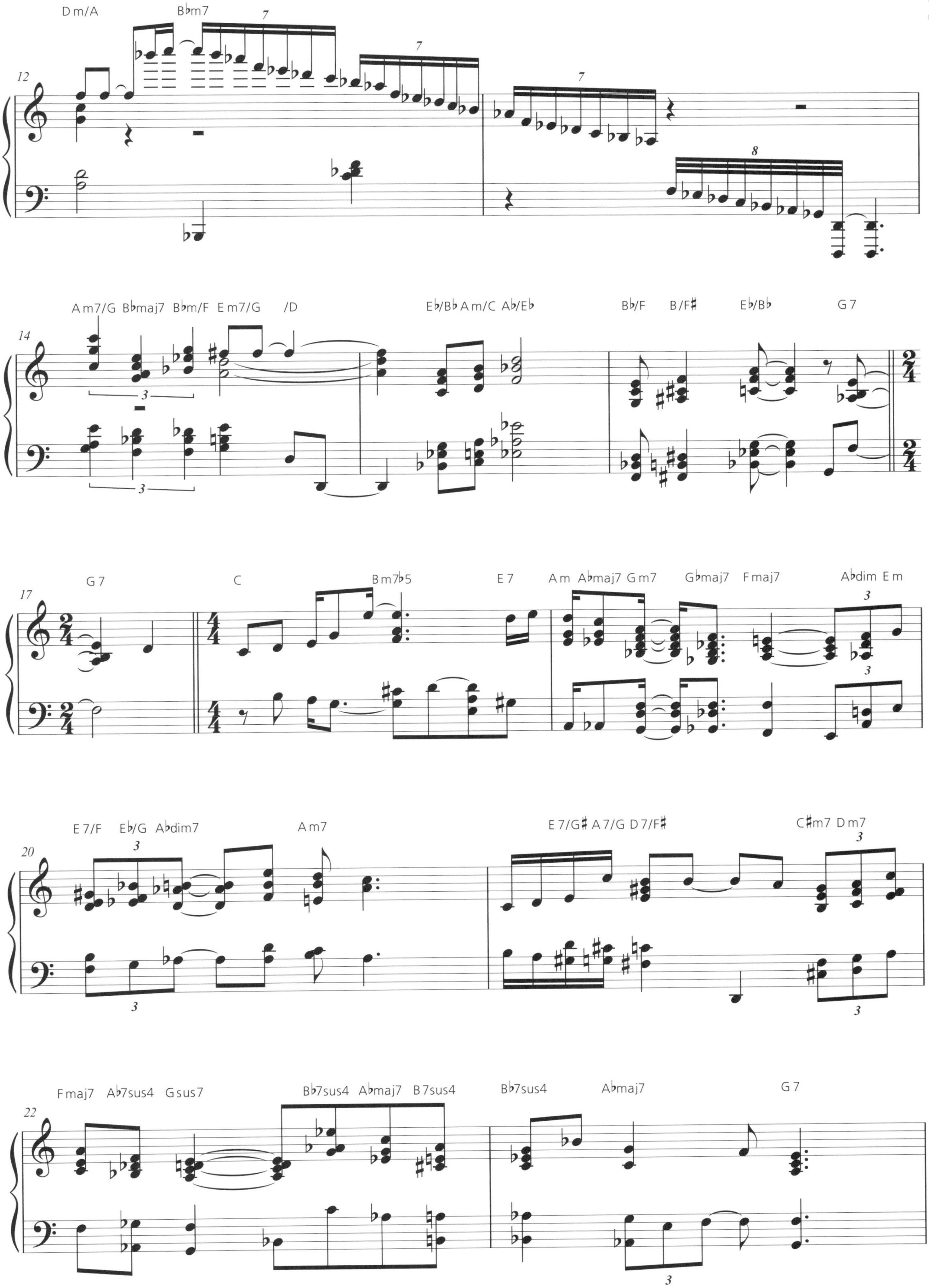

12

Am7/G Bbmaj7 Bbm/F Em7/G /D Eb/Bb Am/C Ab/Eb Bb/F B/F♯ Eb/Bb G7

14

G7 C Bm7b5 E7 Am Abmaj7 Gm7 Gbmaj7 Fmaj7 Abdim Em

17

E7/F Eb/G Abdim7 Am7 E7/G♯ A7/G D7/F♯ C♯m7 Dm7

20

Fmaj7 Ab7sus4 Gsus7 Bb7sus4 Abmaj7 B7sus4 Bb7sus4 Abmaj7 G7

22

24
Fmaj7 A♭sus7 Gsus7 D♭maj7
3
3

26
D♭maj7
♩= 180 (♫ = ♩ ♪ 3)
G C Fmaj7 Bm7♭5 E7/G♯ E7

29
Am7 A♭maj7 Gm7 G♭maj7 Fmaj7 C7 Em7 B♭7 Am7 A7/G D7/F♯
3
3

32
D7 Dm A♭7sus4 G7sus4 Fmaj7 Em7 E♭7 A♭maj7 D♭maj7

35
Cmaj7 Fmaj7 Bm7 E7/G♯ E7 Am Gm7 F

38 F E7 Am A7/G♯ D7/F♯ D7 Dmaj7/F♯ Dm7/G

41 Dm7/A A♭7sus9 G7sus9/F D♭maj7 C7sus4 Gm7 G7/B♭ C7/A

44 C7/A C7 Caug7/C♯ Dm7/C Bm7 B♭ B♭m7 Am7

47 Am7 D♭ Cmaj7 D Fmaj7 G A♭7 D♭maj7

50 D♭maj7 G C Fmaj7 Dm(maj7)/A E7/G♯

53 Am7 A♭maj7 Gm7 G♭maj7 Fmaj7 E7/G♯ Am7 A7 D7 Dm7

57 Dm7 A♭7sus4 G7sus7 Asus7 B♭7sus4 A♭maj7 B7sus4 B♭7sus4 A♭7sus4 G7sus4

59 G7sus4 1. D♭maj7 C

62 Bm7♭5 E7/G♯ Am /G F E B♭ Am7

66 D7/F♯ D7 Dm7/F G7 Em E♭ Dm C♯

69 C Bm7♭5 E7/G♯

71 Am G C F B♭7 Am7

74 Am7/G D7/F♯ Dm7 G D♭maj7

77 C7 F/C

80 F/C Dm/A B♭m7 Am7 D7/F♯

83 Dm Ebm7b5 Db Gm

85 C B7/D# Bb7/D

87 Am/Ab Bbmaj7/F# C7/G Fm(maj7) Dbaug/D Am7

90 Am7 Dm7/A G7 Am7 Bb7sus4

93 G7 Dbmaj7 A7sus4 G#7sus4 A7sus4 Bb

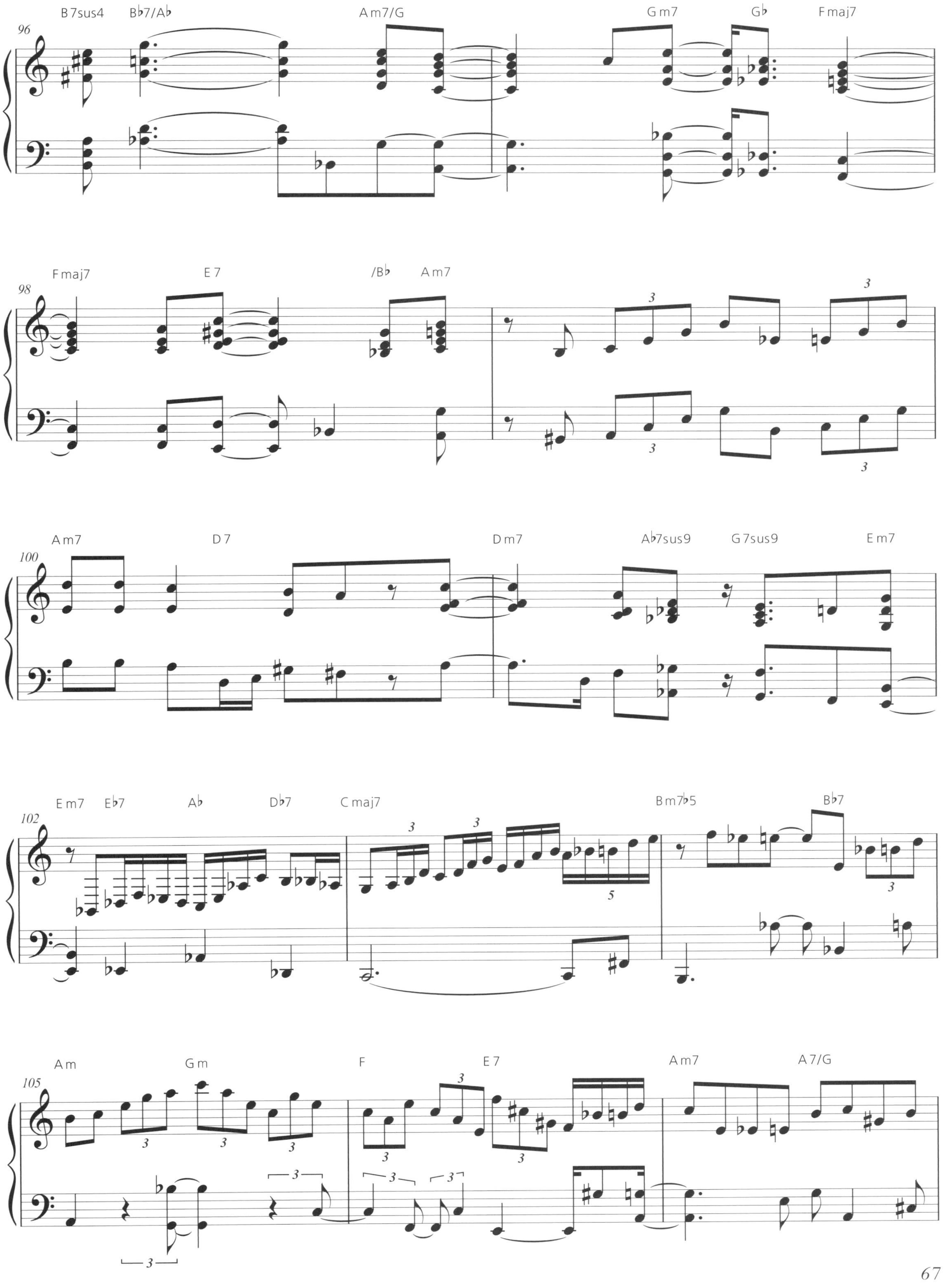

96 B7sus4 B♭7/A♭ Am7/G Gm7 G♭ Fmaj7

98 Fmaj7 E7 /B♭ Am7

100 Am7 D7 Dm7 A♭7sus9 G7sus9 Em7

102 Em7 E♭7 A♭ D♭7 Cmaj7 Bm7♭5 B♭7

105 Am Gm F E7 Am7 A7/G

108 D A♭7 | Dm7 G7 | D♭maj7 Gm/A

111 Gm7 | C7

113 Fmaj7 3 3 | F 3 B♭

115 Am 3 | D7 Dm7 3 3

117 Dm7 E♭m7 | D♭maj7 G7

119 C maj7 Bm♭5 E7

121 Am /G F E7

123 Am D7

125 Dm C/G

127 C B dim E7 Am7 /G

130 F7 E7♭5 Am7

132 Dm7 E♭ Dm7 G7

134 C/E E♭ A Dm C Bm7♭5 E7♭5

3 3 3 3

137 Am7 Gm7 Fmaj7 E aug Am

3

140 Dm7 C/G

5 3 3 3

143 Gm7 C7/E♭ F /F♯ F/A

146 C A♭/A B♭7 Am7

149 Dm7 A♭7 D♭ G7 C

152 B/A B♭7 Am(maj7) Gm(maj7) Fm(maj7) B♭7 Am7

155 Am7 E♭7/G D7/F♯ E♭7/G D7/F♯ Dm7 G7

159 G7 Gm7 G7/B♭ C7/A C7 G7 2. B♭7 G7

163 Gsus4 B♭sus4 G7sus4 B♭7sus4

167 G7sus4 B♭7sus4 G7sus4

170 B♭7sus4 G7 B♭7sus4

173 G7 C/G B♭7sus4 G7

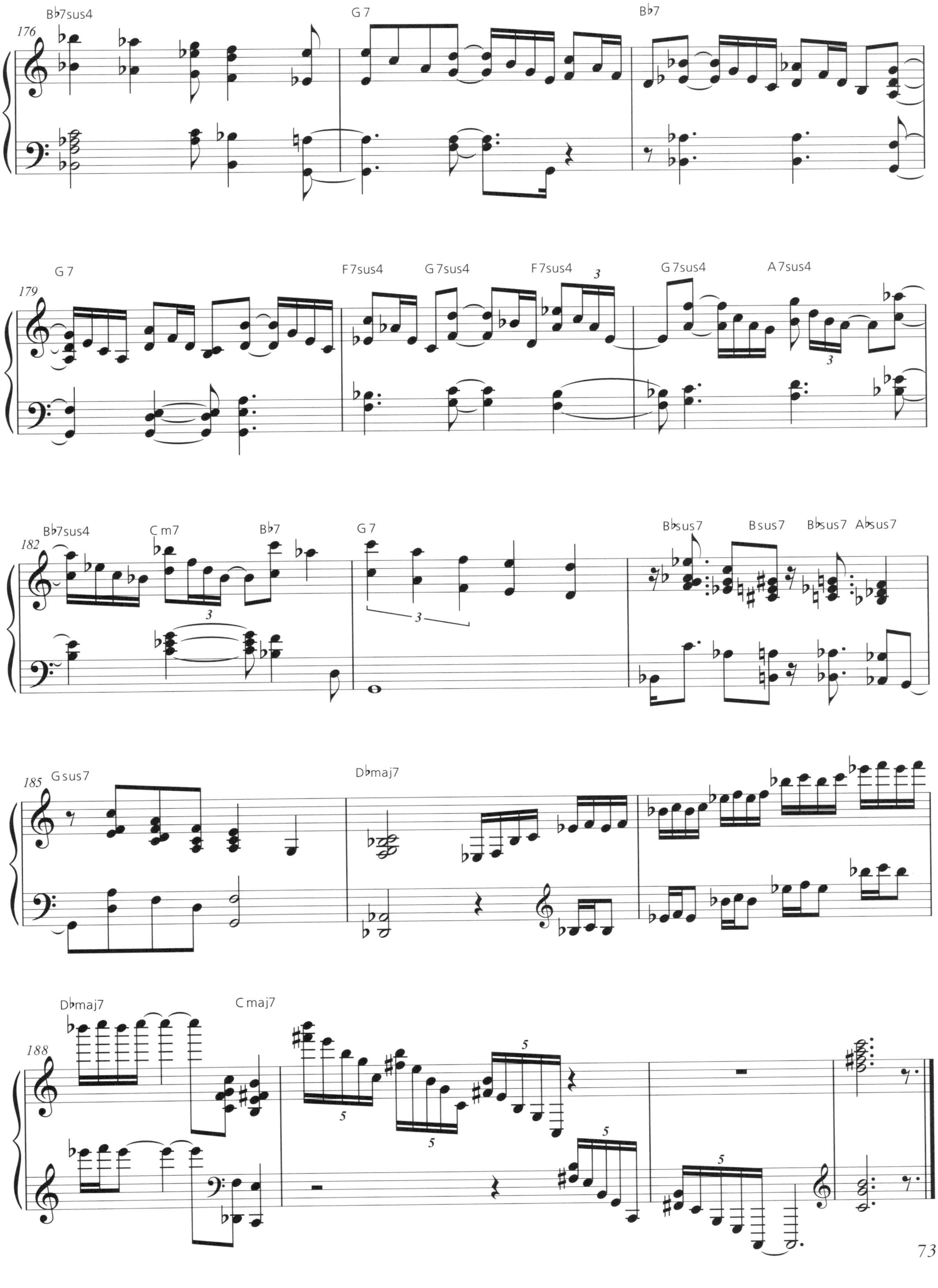

176 B♭7sus4 | G7 | B♭7

179 G7 | F7sus4 G7sus4 F7sus4 | G7sus4 A7sus4

182 B♭7sus4 Cm7 B♭7 | G7 | B♭sus7 Bsus7 B♭sus7 A♭sus7

185 Gsus7 | D♭maj7

188 D♭maj7 | Cmaj7

〈Broad cast, L.A. Radio live, 1940〉

Caravan

Ellington Edward Kennedy, Tizol Juan, Mills Irving 작사 · 작곡, Art Tatum 연주

Freely

B♭7 E♭m6 B♭7 E♭m6 B 7

13

5

4 B♭7

R.H.

R.H.

L.H.

L.H.

B 7♭5/B♭

♩= 150

6 B 7♭5/B♭ A♭maj7/B♭

B♭7♯11

3

9 B♭7♯11

3

E♭m6/B♭

3

B♭7♯11

3

12 E♭m6 3 B♭7

15 B♭7 L.H. R.H. L.H. 6

17 B♭7

20 B♭7 3 3

23 E♭m7 /D♭ Cm7♭5 Bmaj7♯11 Cm7♭5/B♭ A♭m6 G♭7♯11 E♭m B♭7♯11

26 B♭7♯11

3

29 B♭7♯11

E♭m7 /D♭ Cm7♭5 Bmaj7♯11

32 Cm7♭5/B♭ A♭m6 /G♭ E7

E♭7 B♭7 Gm7♭5 E♭7/B♭

8va

6

35 A♭7

3

3

37 D♭7

G♭6

40 B♭7 B♭7♯11

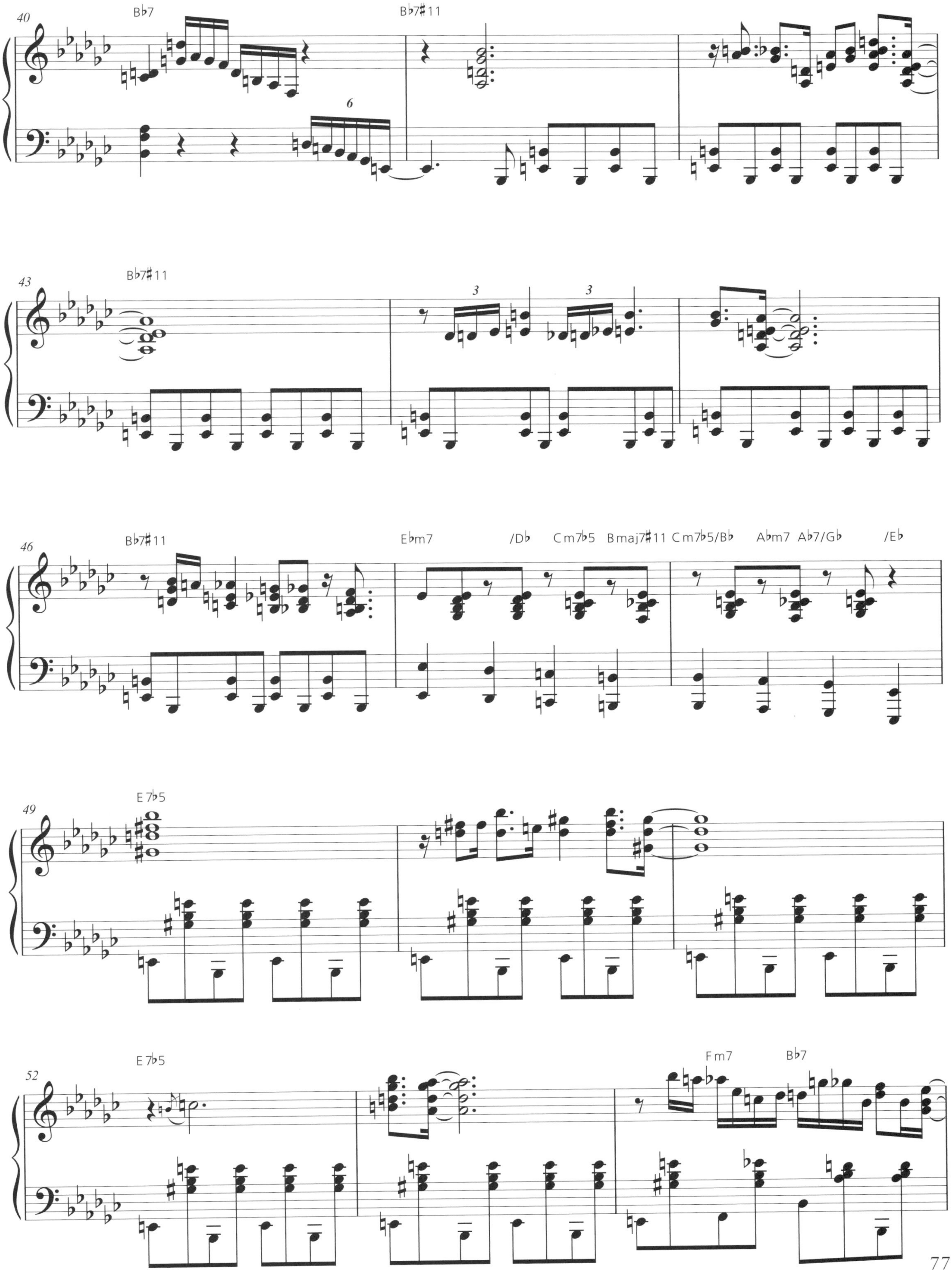

43 B♭7♯11

46 B♭7♯11 E♭m7 /D♭ Cm7♭5 Bmaj7♯11 Cm7♭5/B♭ A♭m7 A♭7/G♭ /E♭

49 E7♭5

52 E7♭5 Fm7 B♭7

55 E♭m7 A♭7 Fdim E♭m7 B♭7 E♭m7 C7/E Fm7 E♭dim7 Ddim7 Edim

58 Fm E7 E♭m Dm D♭m Cm7 B♭7

L.H. R.H.

3 3 3

61 B♭7 B7 B♭7 E♭m A♭7 B♭7 E♭m7

3 3

64 B♭7 E♭m7 E♭ G♭♯11 E♭maj7/B♭ E♭7/G A♭7 E♭6/G B♭m7

66 E♭ Fm E♭/G G7♯9 A♭7 B♭m7 Fm7/C B♭/D Fdim E E♭7 C7

8va

69 D♭7

72 D♭7 B♭7♯11

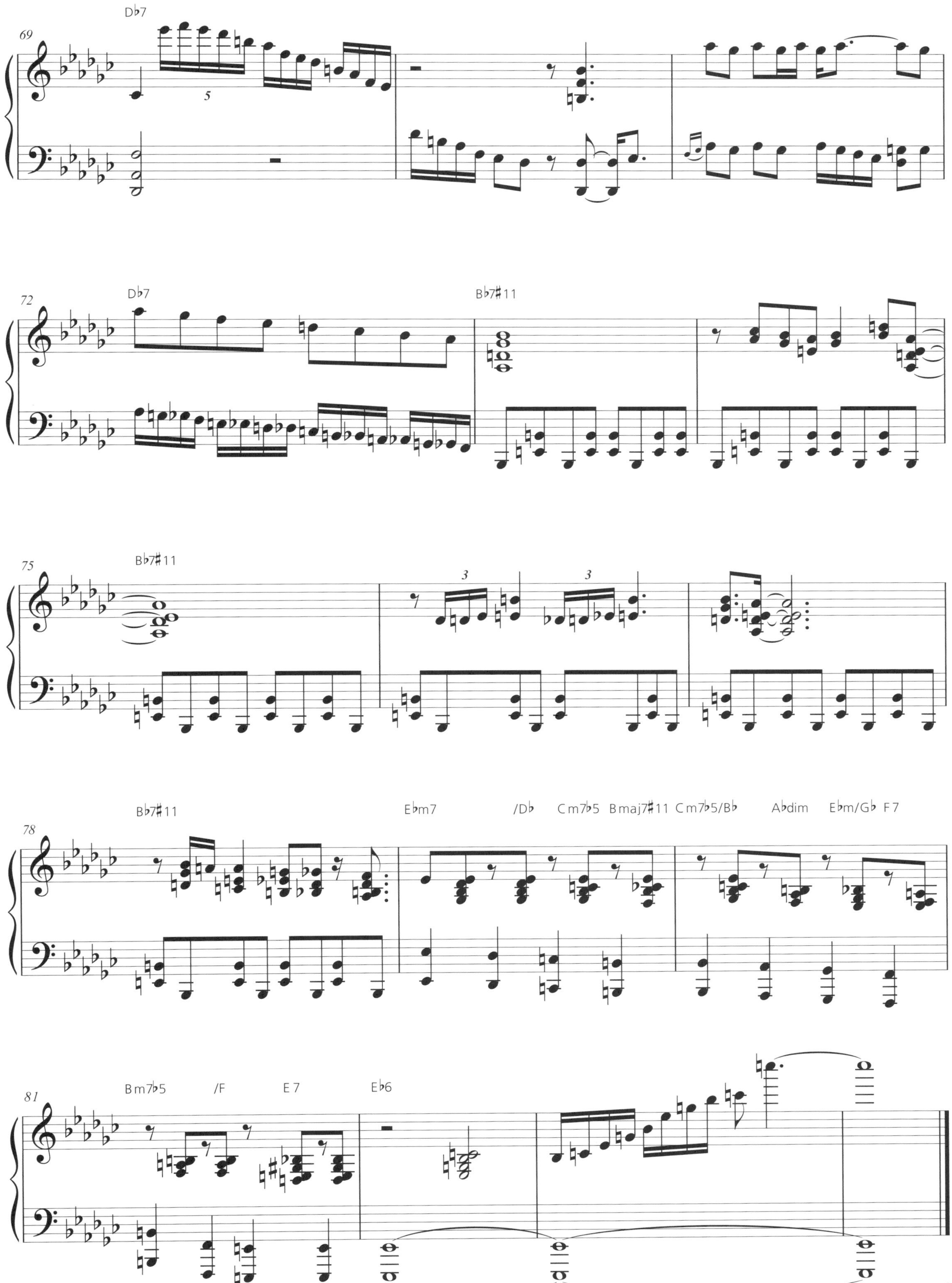

75 B♭7♯11

78 B♭7♯11 E♭m7 /D♭ Cm7♭5 Bmaj7♯11 Cm7♭5/B♭ A♭dim E♭m/G♭ F7

81 Bm7♭5 /F E7 E♭6

저자 **임유진**

경희대 포스트모던음악 학사
University of the Arts Jazz studies 석사
임유진 퀄텟 정규앨범 1집 〈Ego〉 발매
임유진 피아노 솔로 싱글앨범 〈Frida〉 발표
경희대, 동아방송대, 협성대 강사 역임
강남대, 계원예술고등학교 출강
저서 『재즈 피아노 스토리』 (태림스코어 2019)

실용음악대학

재즈 피아노
Jazz Piano
입시곡 모음집

발행일 2022년 11월 20일
편저 임유진

편집진행 황세빈 · **편집책임** 윤영란 · **디자인** 김성진
마케팅 현석호, 신창식 · **관리** 남영애, 김명희

발행처 스코어
발행인 정상우
출판등록 2012년 6월 7일 제 313-2012-196호
주소 서울시 은평구 증산로 9길 32 (03496)
전화 02)333-3705 · **팩스** 02)333-3748

ISBN 979-11-5780-356-9-13670